甘肃省建设项目
节约集约评价及项目库研究

GANSU SHENG JIANSHE XIANGMU
JIEYUE JIYUE PINGJIA JI XIANGMUKU YANJIU

主　编◎赵强军　郭思岩
副主编◎何瑞东　张天中

河海大学出版社
·南京·

图书在版编目(CIP)数据

甘肃省建设项目节约集约评价及项目库研究 / 赵强军,郭思岩主编；何瑞东,张天中副主编. -- 南京：河海大学出版社,2024.8. -- ISBN 978-7-5630-9276-5

Ⅰ.F321.1

中国国家版本馆CIP数据核字第2024T80N94号

书　　名	甘肃省建设项目节约集约评价及项目库研究
书　　号	ISBN 978-7-5630-9276-5
责任编辑	曾雪梅
特约校对	薄小奇
封面设计	徐娟娟
出版发行	河海大学出版社
地　　址	南京市西康路1号(邮编:210098)
电　　话	(025)83737852(总编室)　(025)83722833(营销部) (025)83787103(编辑室)
经　　销	江苏省新华发行集团有限公司
排　　版	南京布克文化发展有限公司
印　　刷	广东虎彩云印刷有限公司
开　　本	718毫米×1000毫米　1/16
印　　张	9
字　　数	170千字
版　　次	2024年8月第1版
印　　次	2024年8月第1次印刷
定　　价	88.00元

编写委员会

主　编　赵强军　郭思岩
副主编　何瑞东　张天中
成　员　甘良燕　庞伟亮　马卫鹏　殷兆伟
　　　　　刘　赟　刘　新

目录 Contents

1 绪论 ········· 001
    1.1 研究背景 ········· 003
    1.2 研究目的和意义 ········· 003
    1.3 研究内容 ········· 004
    1.4 研究方法和技术路线 ········· 005

2 相关概念与研究基础 ········· 007
    2.1 相关概念 ········· 009
    2.2 研究基础 ········· 010

3 建设项目类型划分 ········· 015
    3.1 建设项目基本类型 ········· 017
    3.2 项目用地标准规范制定情况 ········· 018
    3.3 节地评价项目类型划分 ········· 020

4 项目用地特点分析 ········· 021
    4.1 项目用地机理 ········· 023
    4.2 实际案例分析 ········· 024
    4.3 项目用地特点总结 ········· 032
    4.4 项目节地的具体内涵 ········· 033

5 建设项目节地评价方法 035
5.1 评价方法概述 037
5.2 评价指标选取 037
5.3 指标权重确定 040
5.4 评价指标值标准化方法 041
5.5 评价指标标准值确定 042
5.6 综合评价分值测算 049
5.7 评价结果分析 049

6 评价体系检验 051
6.1 检验案例选取 053
6.2 案例节约集约评价测算 053
6.3 评价结果综合验证分析 059
6.4 检验结果 063

7 研究结论及建议 065
7.1 研究结论及不足 067
7.2 建议 067

附录 069
专题一 建设项目土地节约集约利用评价标准案例研究 071
专题二 建设项目土地节约集约利用评价指标权重及标准值确定研究 112

参考文献 135

1
绪论

1.1 研究背景

土地节约集约利用是生态文明建设的根本之策,是新型城镇化的战略选择。党中央、国务院高度重视土地节约集约利用,针对我国经济发展进入新常态,处于经济增长速度换挡期、结构调整阵痛期、前期刺激政策消化期"三期叠加"的阶段特征,对大力推进节约集约用地提出了新要求。近年来,国家和各地采取措施推进土地节约集约利用,在国家层面先后颁布了《国务院关于促进节约集约用地的通知》(国发〔2008〕3号)、《国土资源部关于大力推进节约集约用地制度建设的意见》(国土资发〔2012〕47号)、《国土资源部关于严格执行土地使用标准大力促进节约集约用地的通知》(国土资发〔2012〕132号)、《节约集约利用土地规定》(中华人民共和国国土资源部令第61号)、《国土资源部关于推进土地节约集约利用的指导意见》(国土资发〔2014〕119号)、《自然资源部办公厅关于规范开展建设项目节地评价工作的通知》(自然资办发〔2021〕14号)等规范性文件,在很大程度上推动了国家和地方土地节约集约工作的有效开展。

甘肃省位于我国地理中心,地处黄河上游,地域辽阔,全省土地总面积42.58万 km^2。截至2019年底,全省农用地、建设用地、未利用地的比例为66.2∶2.4∶31.4。土地垦殖率为12.2%,比全国(13.31%)低1.11个百分点;土地利用率为68.6%,比全国(78.36%)低9.76个百分点。甘肃省的人均建设用地面积为370 m^2,是全国的1.27倍;人均城镇建设用地面积129 m^2,是全国的1.06倍;全省建设用地地均GDP为89万元/hm^2,是全国平均水平(242万元/hm^2)的37%。整体来看,全省土地节约集约利用水平相对较低,如何从微观层面制定和完善地方性建设项目节约集约用地评价体系,合理控制建设用地规模,对于促进全省土地资源可持续利用具有重大意义。

1.2 研究目的和意义

本书在对国内外研究成果进行概括梳理和提炼的基础上,通过对甘肃省相关建设项目进行调查摸底,客观分析土地资源节约集约利用现实状况和目标实现程度,并结合行业规范与用地规范,对尚无国家建设用地标准的项目构建节约集约用地评价方法体系;为有效实现从项目用地源头严格控制用地规模,引导建设项目节约集约利用土地,切实解决土地粗放利用和浪费问题,做好相关基础性研究工作。

本书研究的意义主要有以下几个方面：

（1）可以丰富和完善节约集约用地评价相关学术研究内容。本书以多因素综合评价法为基础，通过选取评价指标、明确各指标测算方法、构建建设项目节约集约用地评价体系，以期对项目土地节约集约利用水平进行评价，进一步丰富建设项目节约集约用地评价相关体系建设的学术研究内容。

（2）可以进一步指导甘肃省节约集约用地工作。通过对甘肃省近年来典型区域、典型项目节约集约用地评价经验进行提炼、整合，制定相关评价指标体系，从建设项目可行性研究、初步设计、土地审批、土地供应、供后监管、竣工验收等环节对土地节约集约利用水平进行评价，为各管理机构提供决策参考，从而有效指导全省建设项目节约集约用地评价工作。

（3）可以为其他区域节约集约用地评价提供借鉴。通过不断完善甘肃省节约集约用地评价，可以为具有相同土地资源条件和类似建设项目的省份提供节约集约用地评价相关技术经验和参考。

1.3 研究内容

本项目以甘肃省近些年节约集约用地评价库中的项目为样本，采用多因素综合分析的方法，构建分类别的项目节约集约用地评价指标体系。主要研究内容有：

（1）对土地节约集约利用及建设项目节约集约利用相关文献进行梳理，总结建设项目节约集约利用的研究进展；

（2）以建设用地相关类型划分为基础，明确各类型建设项目节约集约用地控制情况，以甘肃省实际发生的建设项目的用地情况为基础，对目前国家尚未确定用地标准的行业进行归类划分，分析各类建设项目用地特点；

（3）对国家尚无用地标准的建设项目确定节约集约用地评价方法，以甘肃省近些年省级节约集约用地评价库中的项目为样本，归纳并确定不同类别项目节约集约用地评价指标体系，采用专家咨询等方法综合确定各指标权重；

（4）识别各评价指标与用地规模的关系，通过标准项目指标值、行业设计规范等，分类别确定各指标的理想值及指标标准化方法；

（5）对评价体系进行检验，对已构建的评价指标体系，选取具体案例进行评价，同时采用标准案例系数修正、同类项目类比等方法对指标体系评价结果的合理性进行验证；

（6）提出项目节约集约用地评价的相关建议。

1.4 研究方法和技术路线

1.4.1 研究方法

（1）文献分析法。通过文献梳理对国内外建设项目用地节约集约利用评价技术进行研究，探讨和发现适合建设项目用地节约集约利用评价的相关规律和方法。

（2）定性与定量分析法。运用统计分析、比较分析等方法，对已建成项目案例进行分析，确定适用于不同行业的指标体系和指标标准值。

（3）实地调研法与专家咨询法相结合。采用实地调研与专家咨询相结合的方法，对各类用地项目进行典型调查研究，分析项目各用地功能区、项目节约集约用地潜力，验证评价指标体系的科学性、合理性。

1.4.2 研究技术路线

本书的技术路线如图 1-1 所示。

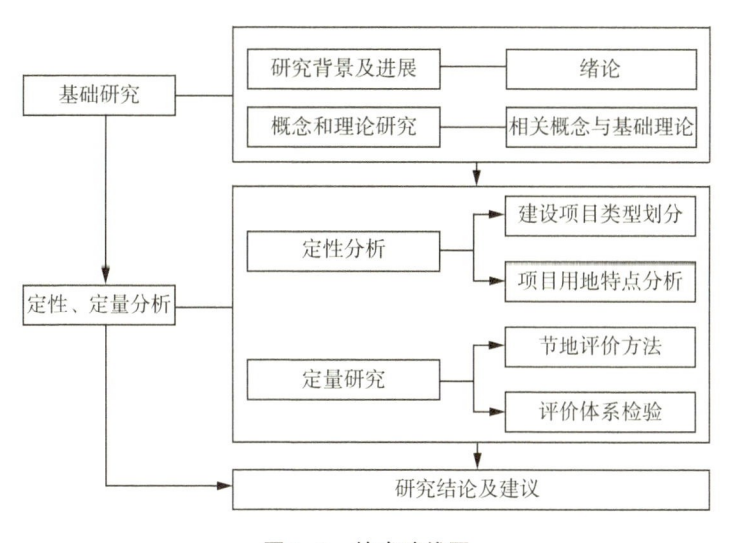

图 1-1 技术路线图

1.4.3 立项依据

（1）《国务院关于促进节约集约用地的通知》（国发〔2008〕3 号）；

(2)《国土资源部关于大力推进节约集约用地制度建设的意见》(国土资发〔2012〕47号);

(3)《国土资源部关于严格执行土地使用标准大力促进节约集约用地的通知》(国土资发〔2012〕132号);

(4)《节约集约利用土地规定》(中华人民共和国国土资源部令第61号);

(5)《国土资源部关于推进土地节约集约利用的指导意见》(国土资发〔2014〕119号);

(6)《自然资源部办公厅关于规范开展建设项目节地评价工作的通知》(自然资办发〔2021〕4号)。

2 相关概念与研究基础

2.1 相关概念

2.1.1 建设项目

建设项目是指按照一个总体设计组织施工，建成后具有完整的系统，可以独立形成生产能力或者使用价值的建设工程。建设项目具有相对完整性。

2.1.2 建设项目用地规模

建设项目用地规模是指一个完整建设工程用地的总面积，不包括临时用地、非项目功能区用地等。扩建项目用地规模包括原有用地面积。

2.1.3 土地节约集约利用

土地节约集约利用包括节约利用、集约利用两个层面。节约用地是指在满足建设项目基本功能的前提下，通过采取一系列政策、经济、技术措施，减少对土地资源的消耗，特别是减少对耕地的占用。集约用地是指在土地资源使用量既定的情况下，通过增加土地的有效投入和优化土地利用与布局，提高土地的利用效率和效益。土地节约集约利用是指从土地利用结构的合理性、土地布局的紧凑化、土地利用功能的综合化、土地产出的高效化等方面综合实现土地最优配置和利用，减少当前没有必要的土地资源消耗尤其是耕地资源的消耗，或者更多地以未利用资源和存量资源消耗来代替。

2.1.4 土地节约集约利用评价类型

土地节约集约利用评价分为三个类别：一是单个地块（项目）土地节约集约利用评价；二是分地类土地节约集约利用评价，主要有建设用地、农用地节约集约利用评价；三是区域土地节约集约利用评价，是将区域土地作为整体的评价单元，从自然、经济、社会层面综合进行评价。

2.1.5 建设项目土地节约集约利用

建设项目土地节约集约利用是在相关政策指导下，以合理控制用地规模、少占耕地为前提，加大土地投入产出，提高土地利用效益的土地利用方式。

2.1.6 建设项目土地节约集约利用评价

建设项目土地节约集约利用评价(以下简称建设项目节地评价)是以建设项目用地规模控制为基础,以土地节约集约利用为指导,综合考虑用地结构、用地强度、用地效益的建设项目土地利用专项评价。按照建设项目用地规模控制情况,可将建设项目分为有国家用地标准的建设项目、无国家用地标准的建设项目和超出国家用地标准的建设项目,因此,建设项目节地评价范围为无国家用地标准、超出国家用地标准的建设项目。

2.2 研究基础

2.2.1 节地理论基础研究进展

最早的土地集约利用研究特指农业土地集约利用,它是由李嘉图(David Ricardo)等古典经济学家在地租理论中提出的,是指在一定面积的土地上,集中地投入较多的生产资料和劳动,使用先进的技术和管理方法,以求在较小面积的土地上获得高额产量和收入的一种农业经营方式。杜能通过对城市周围农业土地利用类型的空间分布进行研究,提出同心圆布局原理,并认为农业土地利用的合理集约度按土地区位的地租高低即距离市场的远近来配置,提出将区位与土地利用合理集约度研究结合起来。著名的土地经济学家理查德·T.伊利和爱德华·莫尔豪斯在《土地经济学原理》中指出,对现在已利用的土地增加劳动和资本,这个方法叫作土地利用的集约。也就是说,他们认为只要加大土地投入程度,就会提高土地集约利用水平。近三四十年来,欧美等发达国家经历了从城市化初始阶段的高度集中到城市化成熟阶段的空城化阶段,出现了城市用地无序蔓延、土地利用功能分区过于复杂等粗放用地问题,在此背景下,有关紧凑集约发展的理论研究应运而生。在美国,新城市主义运动在 20 世纪 90 年代中期达到高潮,新城市主义强调邻里多样化,即土地利用的多样化与人口结构的多样化,主张城镇不能无序扩张,而应明确界定城市边界以有效使用各项公共设施。美国规划协会则提出了"精明增长"发展理论,即要努力控制城市蔓延,规划紧凑型社区,充分发挥已有基础设施的效力,提供更多样化的交通和住房选择。在英国,"紧凑城市"成为可持续发展的另一种城市空间模式。"紧凑城市"理论是针对保护环境和生态、促进社会公平提出来的,其基本原理是以相对较高的密度减少交通、能源需求以及环境污染,从而创造更好的居住、工作和生态环境。其主要作用是保护农村地区,更多地利用公共服务设施和基础设施复兴内城。国内关于土地节约集约利用基本理论的实证研究较多,比较有代表的是曲福田等(2007)、欧名豪等(2002)的研究。

土地节约集约利用的理论基础是建设项目土地节约集约利用评价的根本,明确节约集约利用的出发点及相关经济运行机制,才能更好地发现土地节约集约利用相关规律。在特定的自然及技术条件下,项目土地利用的基本动力是经济动力,项目建设规模的动力机制是经济利益机制,建设项目节约集约用地的动力来自"土地边际规模报酬递减规律"。

土地边际规模报酬递减理论的基本内容为:在科学技术水平相对稳定的条件下,当对土地接连追加劳动和资金时,起初,追加部分所得的报酬逐渐增多,但在劳动和资金超过一定的界限时,追加部分所得的报酬则逐渐减少(如图 2-1 所示,图中 L 为土地投入,Q 为土地产出,TP、AP 和 MP 分别为土地投入总产出、平均产出和边际产出,I_1 为边际产出最大值,I_2 为平均产出最大值),从而使土地总报酬也呈现递减趋势,简称土地报酬递减规律。土地节约集约利用的理论基础就是土地边际规模报酬递减原理,即存在一个土地投入的最佳规模 L_3 使得土地投入总产出达到最大值 I_3,在这之后,土地要素投入的增加不会带来产出的增加,也就是说,无限制的土地投入并不是最佳的生产要素投入选择。我们可以通过合理控制土地投入,使土地产出达到最大。

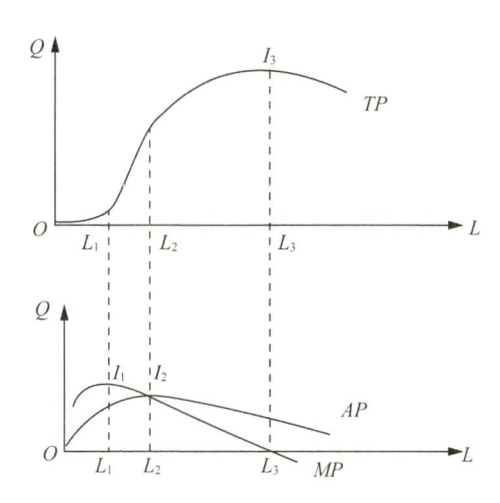

图 2-1　土地投入边际产出变化图

2.2.2 节地评价研究进展

一些研究者认为城市土地集约利用就是在一定面积的城市土地上增加投入,以获得更多产出的土地开发经营方式,何芳等(2001)从产出效益的角度,定义了何为"土地集约利用"。一些学者则认为土地集约利用还应包括土地利用结构优化、合理布局及生态环境的优越等内容;还有一些学者将两种观点综合起来,并且考虑到了土地利用的经济、社会和生态综合效益,如谢正峰(2002)的研究。一些学者从土地利用成效角度出发,认为城市土地集约利用应包括土地产出的高效化、土地布局和土地结构的合理化、土地利用效益的综合化三个层次,如肖梦(1992)认为可以多维地利用城市土地立体空间,并使城市土地一地多用。城市土地立体空间的多维利用,就是利用土地的地面、上空和地下进行各种建设。从不同空间尺度出发,部分学者(成舜等,2003)认为城市土地集约利用的含义应包括宏观(强调城市综合效益)、中观(强调用地功能和结构的合理性)和微观(侧重单块土地的投入产出效益)三个层次。还有学者对用地结构的优化与土地集约利用之间的关系进行了研究。如陶志红(2000)认为:以合理布局、优化用地结构和可持续发展的思想为依据,通过增加存量土地投入、改善经营管理等途径,可以不断提高土地的使用效率和经济效益。从建设项目角度对土地节约集约利用进行相关研究的学者相对较少,比较有代表性的有:李如鹤(2012)提出了工业项目土地集约利用的对策,黄露露(2013)提出了产业用地节约集约利用评价标准。

2.2.3 节地评价指标体系研究进展

目前有关区域土地节约集约利用评价的研究较多,评价指标体系较为成熟,2008年国土资源部发布了《建设用地节约集约利用评价规程》(TD/T 1018—2008),从利用强度指数、增长耗地指数、用地弹性指数、贡献比较指数、管理绩效指数5个方面确定了15个评价指标,构建了较为完善的区域建设用地节约集约利用评价指标体系。

关于分地类土地节约集约利用评价指标体系的研究,比较有代表性的是王业侨(2006),他从利用强度、投入、利用效益等方面构建评价指标体系,从建设用地、农用地各自的利用特点选取具体指标,对分地类土地节约集约利用程度开展了实证研究。吕玉珍等(2018)、张明花(2018)、张薇(2018)分别对江苏省南京市、福建省石狮市、宁夏吴忠市的建设用地进行了实证研究评价。柴铎等(2017)对上海市98个乡镇城市郊野建设用地节约集约利用内涵,运用"5Q5E"

评价模型进行了实证研究。

针对项目用地的节约集约利用评价指标体系构建,学术界开展了相关研究。韩玉(2012)、刘永为(2009)从土地利用、用地效益、管理绩效三个方面构建了评价指标体系,对高速公路用地节约集约程度进行了评价。何安琪等(2012)、赵若曦等(2012)、张清军等(2010)从经济指标、社会指标、自然条件指标三个方面构建了评价指标体系,对农村居民点用地节约集约利用进行了实证研究。陈宏望(2013)按照工业项目、行政办公项目、医疗卫生项目、教育项目、科研机构、村部分类,对各类项目土地节约集约利用水平进行了评价。

《建设用地节约集约利用评价规程》(TD/T 1018—2008)制定了区域建设用地节约集约利用评价的相关技术要求,确定了包含利用强度指数、增长耗地指数、用地弹性指数、贡献比较指数、管理绩效指数5个一级指标层,人口密度指数、经济强度指数、建设强度指数、人口增长耗地指数、经济增长耗地指数、人口用地弹性指数、经济用地弹性指数、人口贡献度指数、经济贡献度指数、城市用地管理绩效指数10个二级指标层,城乡建设用地人口密度、建设用地地均固定资产投资、建设用地地均地区生产总值、城市综合容积率、单位人口增长消耗新增城乡建设用地量、单位地区生产总值耗地下降率、单位地区生产总值增长消耗新增建设用地量、单位固定资产投资消耗新增建设用地量、人口与城乡建设用地增长弹性系数、地区生产总值与建设用地增长弹性系数、人口与城乡建设用地增长贡献度、地区生产总值与建设用地增长贡献度、城市土地供应市场化比率、城市闲置空闲土地与供应量比率、城市批次土地供应比率15个具体指标的区域土地节约集约利用评价指标体系。从指标体系的选取来看,《建设用地节约集约利用评价规程》(TD/T 1018—2008)是从中观层面对大区域地块的节约集约用地进行评价。

从已有研究成果和论文统计分析(表2-1)发现,目前土地节约集约利用评价成果与标准方面的研究较为丰富,但在单个建设项目土地节约集约利用定量评价的指标、标准的综合性与客观性等方面还有待进一步探讨,细化相关研究,将能够完善我国节约集约用地相关理论方法。

表 2-1　土地节约集约利用评价指标体系研究进展情况

类型	指标	学者
地块节约集约评价	高速公路占地率、高速公路面积密度、高速公路网综合密度、地区生产总值与高速公路用地增长弹性系数、单位面积就业岗位增加、单位面积高速公路投入、单位面积高速公路产出、单位面积高速公路网客运量、单位面积高速公路网货运量、高速公路网负荷均衡度、高速公路网连通度、高速公路水土流失率、闲置土地处理率、临时用地处理率、土地有偿使用率	韩玉(2012)；刘永为(2009)
	地均宅基地整理投资强度、地均指标收益、单位宅基地面积人口承载量、单位宅基地面积户数承载量、平均村庄规模、人均耕地面积、人均农村居民点面积、地均农村固定资产投资、人口密度或居住密度、地形地貌	何安琪等(2012)；赵若曦等(2012)；张清军等(2010)
	工业项目：投资强度、容积率、建筑系数、行政办公及生活服务设施所占比重；行政办公项目：人均用地面积、办公用房人均建筑面积、容积率、绿地率；医疗卫生项目：床均用地面积、床均建筑面积、容积率、绿地率；教育项目：生均用地面积、生均校舍建筑面积、容积率、绿地率；科研机构：人均用地面积、人均建筑面积、容积率、绿地率；村部：用地面积、容积率	陈宏望(2013)
分地类节约集约评价	建设用地率、工业用地的比重、人均农村居民点用地面积、人均建设用地、单位建设用地固定资产投资、地均GDP、建设用地地均与第二三产业产值、单位GDP交通用地、新增建设占用耕地量	王业侨(2006)
区域节约集约评价	人均建设用地、城镇人均建设用地、农村居民点人均用地、单位GDP交通用地、单位GDP水利设施用地、土地闲置率、地均固定资产投入、土地开发整理投入、地均GDP、地均工业产值、地均农业产值、森林覆盖率	王业侨(2006)；吕玉珍，张小林(2018)；张明花(2018)
	城乡建设用地人口密度、建设用地地均固定资产投资、建设用地地均地区生产总值、城市综合容积率、单位人口增长消耗新增城乡建设用地量、单位地区生产总值耗地下降率、单位地区生产总值增长消耗新增建设用地量、单位固定资产投资消耗新增建设用地量、人口与城乡建设用地增长弹性系数、地区生产总值与建设用地增长弹性系数、人口与城乡建设用地增长贡献度、地区生产总值与建设用地增长贡献度、城市土地供应市场化比率、城市闲置空闲土地与供应量比率、城市批次土地供应比率	《建设用地节约集约利用评价规程》(TD/T 1018—2008)

3 建设项目类型划分

3.1 建设项目基本类型

《国民经济行业分类》(GB/T 4754—2017/XG1—2019)将行业类别划分为农业、工业、服务业三大类别 A—T 共 20 个门类 01~97 个大类,见表 3-1。

表 3-1 国民经济行业分类表

门类	类别名称	说明
A	农、林、牧、渔业	本门类包括 01~05 大类
B	采矿业	本门类包括 06~12 大类。采矿业指对固体(如煤和矿物)、液体(如原油)或气体(如天然气)等自然产生的矿物的采掘;包括地下或地上采掘、矿井的运行,以及一般在矿址或矿址附近从事的旨在加工原材料的所有辅助性工作,例如碾磨、选矿和处理,均属本类活动;还包括使原料得以销售所需的准备工作;不包括水的蓄集、净化和分配,以及地质勘查、建筑工程活动
C	制造业	本门类包括 13~43 大类。指经物理变化或化学变化后成为新的产品,不论是动力机械制造或手工制作,也不论产品是批发销售或零售,均视为制造
D	电力、热力、燃气及水生产和供应业	本门类包括 44~46 大类
E	建筑业	本门类包括 47~50 大类
F	批发和零售业	本门类包括 51 和 52 大类,指商品在流通环节中的批发活动和零售活动
G	交通运输、仓储和邮政业	本门类包括 53~60 大类
H	住宿和餐饮业	本门类包括 61 和 62 大类
I	信息传输、软件和信息技术服务业	本门类包括 63~65 大类
J	金融业	本门类包括 66~69 大类
K	房地产业	本门类包括 70 大类
L	租赁和商务服务业	本门类包括 71 和 72 大类
M	科学研究和技术服务业	本门类包括 73~75 大类
N	水利、环境和公共设施管理业	本门类包括 76~79 大类
O	居民服务、修理和其他服务业	本门类包括 80~82 大类

续表

门类	类别名称	说明
P	教育	本门类包括83大类
Q	卫生和社会工作	本门类包括84和85大类
R	文化、体育和娱乐业	本门类包括86~90大类
S	公共管理、社会保障和社会组织	本门类包括91~96大类
T	国际组织	本门类包括97大类

为便于突出反映建设项目用地特点，结合各行业土地利用特点、《土地利用现状分类》(GB/T 21010—2017)要求，本书将建设项目基本类型划分为8类，分别为工业项目、采矿项目、水利项目、电力项目、石油天然气项目、交通项目、教育医疗类项目、公益基础其他类项目。

3.2 项目用地标准规范制定情况

为了有效促进土地的节约集约利用，我国从1988年起就已开始制定相关建设项目用地定额标准（表3-2）。截至目前，按照工业项目、采矿项目、水利项目、电力项目、石油天然气项目、交通项目、教育医疗类项目、公益基础其他类项目的划分方式，各类型项目都存在一定用地定额标准。

1988年，原国家土地管理局会同建设部组织有关行业部门，编制了分行业的工程项目建设用地指标，对单个建设项目节约用地进行标准控制，经过历年更新和完善，目前已涉及电力、石油天然气、煤炭、铁路、公路、航空、图书馆、城市给水工程等行业。北京市、陕西省、江西省、辽宁省、江苏省等地，针对高等教育、保障性住房、墓葬、监狱、仓储、卫生等行业及项目制定了地方性的节约集约用地标准。2004年，原国土资源部出台了《工业项目建设用地控制指标（试行）》（国土资发〔2004〕232号），利用投资强度、容积率、建筑系数、行政办公及生活服务设施用地所占比重4项指标对工业类建设项目进行节约集约用地控制。2008年，原国土资源部发布《工业项目建设用地控制指标》，在2004年指标基础上，增加绿地率这一指标。2023年，自然资源部又对该文件进行修订，将控制指标分为规范性指标（容积率、建筑系数、行政办公及生活服务设施用地所占比重）和推荐性指标（固定资产投资强度、土地产出率、土地税收）两类。

表 3-2　建设项目用地规范制定情况表

序号	建设项目类型	相关用地规范	存在不足
1	工业类项目	《工业项目建设用地控制指标》	控制内涵需补充完善
2	采矿类项目	《煤炭工程项目建设用地指标》(建标〔2011〕145号)	未实现全覆盖,除煤炭项目外,其余均无标准
3	水利类项目	《海港煤炭、矿石专业化码头建设标准》《河港煤炭、矿石专业化码头建设标准》《海港通用码头建设标准》(建标〔1996〕188号)	未实现全覆盖,如防洪工程项目无标准
4	电力类项目	《电力工程项目建设用地指标》(建标〔2010〕78号)、《光伏发电站工程项目用地控制指标》(TD/T 1075—2023)	未实现全覆盖,如水力发电项目无标准
5	石油天然气类项目	《石油天然气工程项目建设用地指标》(建标〔2009〕7号)	未实现全覆盖,如加油站等项目无标准
6	交通类项目	《新建铁路工程项目建设用地指标》(建标〔2008〕232号)、《公路工程项目建设用地指标》(建标〔2011〕124号)、《民用航空运输机场工程项目建设用地指标》(建标〔2011〕157号)	—
7	教育医疗类项目	《综合医院建设标准》(建标〔2008〕164号)、《中医医院建设标准》(建标 106—2008)(建标 106—2021)、《城市普通中小学校校舍建设标准》(建标〔2002〕102号)	—
8	公益基础其他类项目	《城市生活垃圾处理和给水与污水处理工程项目建设用地指标》(建标〔2005〕157号)、《城市社区体育设施建设用地指标》(建标〔2005〕156号)、《体育训练基地建设用地指标》(建标〔2011〕214号)、《公共图书馆建设用地指标》(建标〔2008〕74号)、《文化馆建设用地指标》(建标〔2008〕128号)	未实现全覆盖

虽然8大类项目都有用地标准定额,但是国家定额指标都存在一定局限性,主要集中在两点:①国家标准未实现全覆盖,部分建设项目无用地标准。国家出台的建设项目用地标准已基本覆盖8大类项目,但是具体标准主要控制大规模用地项目,在同类别项目中,还是存在一些建设项目没有用地标准的情况,如采矿类项目中除煤炭以外的其他项目、电力类项目中的水力发电项目、水利类项目中的防洪工程及水库项目等都无具体标准,国家用地标准定额未实现全覆盖。②部分用地标准控制内容须完善。《工业项目建设用地控制指标》虽从5大指标上对工业建设项目用地标准进行了控制,但是对于建设项目耕地占用等方面缺少控制,难以从全方位综合的角度对建设项目节约集约用地情况进行评价。

3.3 节地评价项目类型划分

建设项目节地评价是对无国家建设用地标准、超出国家建设用地标准的项目，以项目用地规模控制为基础进行的土地节约集约利用专项评价。结合国家产业调控政策及甘肃省行业实际用地情况，目前，甘肃省对于交通类、煤炭类、教育医疗类建设项目按照国家用地标准控制，开展土地节约集约利用评价。项目共涉及 6 个类别，分别为采矿类、工业类、水利类、电力类、石油天然气类、公益基础其他类。结合甘肃省 2013—2015 年建设项目土地节约集约利用评价开展情况，各类别无具体用地标准的主要代表项目大类有 10 个：采矿类 1 个（采矿项目）、工业类 2 个（工业余热发电、工业其他项目）、水利类 1 个（供水/防洪工程）、电力类 3 个（光伏、输变电工程、水电站）、石油天然气类 2 个（加油站、保障点）、公益基础其他类 1 个（综合）。详见表 3-3。

表 3-3 节地评价项目类型划分表

序号	项目类别	项目大类
1	石油天然气类	加油站
		保障点
2	电力类	光伏
		输变电工程
		水电站
3	采矿类	采矿项目
4	工业类	工业（余热发电）
		工业（其他项目）
5	水利类	供水/防洪工程
6	公益基础其他类	综合

4 项目用地特点分析

4.1 项目用地机理

项目用地规模是由项目所属行业类别、项目规模大小、区域微观土地资源特点等共同确定的。在特定的自然及技术条件下，项目土地利用的基本动力是经济动力，项目建设规模的动力机制是经济利益机制，建设项目节约集约用地的动力来自"土地规模报酬递减规律"。生产过程中存在资源集约化利用向不集约化利用的转变，各类生产要素存在最优的数量组合。从更微观层面看，行业类别决定建设项目的内部整体功能设置及用地规模大小，同类项目随着主导生产规模大小的变化而变化，所在建设区域地形地貌条件的差异会对项目用地规模产生一定影响。

各项生产活动用地规模是基于土地成本与产出的关系来确定的，实现土地投入的经济效益、生态效益、社会效益的最优是确定项目生产用地规模的依据，因此，项目用地规模的主要影响因素可分为经济因素、自然因素、政策因素。①经济因素：随着经济发展水平的不断提升，区域建设用地规模扩张对经济发展的贡献将逐渐减少，资本积累的拉动作用则逐渐增大，经济发展对建设用地扩张从强依赖转为弱依赖，增长方式由粗放型向集约型转变，土地利用集约程度呈上升趋势，建设用地节约集约利用水平增加量虽呈先增加后减少的趋势，但集约利用水平整体呈现上升趋势。为了追求利润最大化，建设项目会对生产要素进行组合，这个过程中存在资源集约化利用向不集约化利用的转变，以使各类生产要素达到最优的数量组合，也就是说，一定建设规模的项目存在最优的用地规模。②自然因素：周伟和王秀兰（2007）对土地节约集约利用自然影响因素进行了总结，提出土地的集约利用受土地本身的构成要素和其他自然环境条件的影响。对建设项目用地来说，土地的地质构造和地下水文状况等，是影响建设用地集约化利用水平的主要因素。③政策因素：土地节约集约利用所产生的效益往往是长远的和全局性的，而经营者往往对短期利益和个人利益更感兴趣，因此需要政府制定政策来对经营者的行为加以引导和约束。如土地规划、土地用途管制等政策就是产业结构调整、耕地保护等政策因素在土地利用中的体现。

4.2 实际案例分析

4.2.1 甘肃省概况

甘肃省现辖 12 个地级市,临夏、甘南 2 个自治州;共有 5 个县级市、57 个县、7 个民族自治县、17 个市辖区。全省山地和高原约占总面积的 55.5%,河谷川地占 29.6%,戈壁沙漠占 14.9%。地形呈狭长状,地貌形态复杂,大致可分为各具特色的六大地形区域:陇南山地、陇中黄土高原、甘南高原、河西走廊、祁连山地、北山山地。

2023 年全省地区生产总值增速 6.4%。其中,第一产业增加值占地区生产总值比重为 13.8%,第二产业增加值比重小于第三产业。按常住人口计算,全年人均地区生产总值为 47 867 元。按照钱纳里工业化阶段划分(表 4-1),甘肃省经济发展还处于工业化实现阶段。该阶段整体经济发展增速较快,处于经济扩张期,经济发展对资源尤其是土地资源的需要量较大。

表 4-1 工业化不同阶段的标志

	工业化起始阶段	工业化实现阶段			后工业化阶段
		初期阶段	中期阶段	后期阶段	
人均 GDP(单位:美元)	620~1 240	1 240~2 480	2 480~4 960	4 960~9 300	9 300 以上
三次产业产值结构	P 占绝对支配地位,S<20%	P>20%;S 值较低,但超过 20%	P<20%,S>T 且在 GDP 中最大	P<10%,S 值保持最高水平	S 值相对稳定或下降,T>S
农业从业人员占全社会从业人员的比重	60% 及以上	45%~60%	30%~45%	10%~30%	10% 以下

注:①P、S、T 分别代表第一、第二和第三产业在 GDP 中所占的比重。
②表中数据区间为下含上不含。

根据甘肃省公布的第三次国土调查数据,截至 2019 年底,甘肃省共有农用地 2 820.85 万 hm^2,其中耕地 520.95 万 hm^2;建设用地 98.07 万 hm^2,其中城镇村及工矿用地 85.26 万 hm^2;未利用地 1 339.08 万 hm^2;农用地、建设用地、未利用地的比例为 66.2∶2.4∶31.4。土地垦殖率为 12.2%,比全国(13.31%)低 1.11 个百分点;土地利用率为 68.6%,比全国(78.36%)低

9.76个百分点。

4.2.2 相关建设项目情况

为了合理控制建设用地规模,实现土地节约集约利用,甘肃省在严格按照国家相关项目用地指标标准审核用地、开展建设项目土地节约集约利用论证等方面开展了很多工作。下文将在整理甘肃省2013—2015年土地节约集约利用评价项目的基础上,按照"通过众多案例研究分析找出建设项目用地潜在的规律"的思路,对不同类型建设项目用地特点进行分析。

通过初步筛选分析,在开展节地评价的建设项目中,用地规模较大、建设频率较高的项目共238个,涉及6个类别(表4-2)。其中:加油站项目21个,涉及8个市(州);保障点项目39个,涉及1个市;光伏项目106个,涉及4个市(州);输变电工程项目17个,涉及8个市(州);水电站项目15个,涉及4个市(州);采矿项目10个,涉及7个市(州);工业类项目20个,涉及9个市(州);供水及防洪工程4个,涉及4个市(州);公益基础其他类项目6个,涉及4个市(州)。

表4-2 建设项目案例基本情况表

序号	项目类别	项目大类	具体项目数	涉及市(州)
1	石油天然气类	加油站	21	8
		保障点	39	1
2	电力类	光伏	106	4
		输变电工程	17	8
		水电站	15	4
3	采矿类	采矿	10	7
4	工业类	工业(余热发电)	5	9
		工业(其他项目)	15	
5	水利类	供水及防洪工程	4	4
6	公益基础其他类	综合	6	4
	合计		238	—

4.2.3 项目用地区域性差异分析

同类型建设项目用地规模受区域地形地貌和土地资源特点的影响较大。由表4-2可见,在各类建设项目中,加油站与输变电工程建设项目涉及市(州)较多,具有典型的研究代表性,下文将针对这两种建设项目按照不同地形区域分类,分析用地的差异。

按照地形地貌差异及区域土地资源的稀缺程度,本研究将研究区域划分为Ⅰ类地区、Ⅱ类地区、Ⅲ类地区共3个类型区。Ⅰ类地区:地形无明显起伏,地面自然坡度小于或等于3°的平原区,区域可利用土地资源较为丰富。Ⅱ类地区:地形起伏不大,地面自然坡度为3°~20°,相对高差在200 m以内的微丘地区或高原区,区域可利用土地资源相对丰富。Ⅲ类地区:地形起伏较大,地面自然坡度大于20°,相对高差在200 m以上的重丘区或山岭地区,区内可利用土地资源较为稀缺。

参照原甘肃省土地管理局编著的《甘肃土地资源》对全省自然地域进行划分,确定本研究中的Ⅰ类地区、Ⅱ类地区、Ⅲ类地区与县区的基本对应关系,如表4-3所示,针对具体建设项目,可根据微观区域地形条件调整区划情况。

表4-3 甘肃省区域划分表

区域	Ⅰ类地区	Ⅱ类地区	Ⅲ类地区
涉及大区	陇东黄土高原区、河西区	陇西黄土丘陵区、甘南高原区	陇南山地区
县区	庆阳市全部,平凉市部分(崆峒区、泾川县、灵台县、崇信县、华亭市),酒泉市、张掖市、武威市、金昌市、嘉峪关市全部,白银市(景泰县)	兰州市、临夏州全部,白银市部分(白银区、平川区、靖远县、会宁县),平凉市部分(庄浪县、静宁县),定西市(安定区、通渭县、渭源县、临洮县、漳县、岷县),天水市(甘谷县、武山县、秦安县),甘南州大部(夏河县、临潭县、卓尼县、迭部县、玛曲县、碌曲县)	陇南市全部,甘南州部分(舟曲县),天水市(秦州区、麦积区、张家川县、清水县)

加油站建设项目地域分布情况为庆阳市11个,陇南市3个,张掖市2个,白银市、甘南州、兰州市、平凉市、天水市各1个。输变电工程项目地域分布情况为庆阳市4个,白银市、定西市各3个,陇南市、张掖市各2个,兰州市、金昌市、天水市各1个。参照表4-3对区域大类的划分,对不同区域建设项目单位建设规模耗地、单位用地投资、单位用地产出的平均值进行测算。测算结果(表4-4)显示,加油站、输变电工程建设项目用地在3类地区间的变化具有一致性规律:①项目单位建设规模耗地由Ⅰ类地区向Ⅲ类地区依次递减,即项目用地规模是随着地区土地资源地形地貌复杂及稀缺程度的变化而变化,地形地貌复杂多样,可利用土地资源相对较少的区域,建设项目用地规模相对较小,反之亦然。②项目单位用地投资由Ⅰ类地区向Ⅲ类地区依次递增。③项目单位用地产出由Ⅰ类地区向Ⅲ类地区依次递增。

表 4-4　项目用地区域差异表

类型	指标	Ⅰ类地区	Ⅱ类地区	Ⅲ类地区
加油站	单位建设规模耗地	44.24	21.96	19.80
	单位用地投资	1 415.72	1 783.37	2 153.29
	单位用地产出	7 825.95	8 523.56	9 007.39
输变电工程	单位建设规模耗地	0.445 4	0.270 1	0.220 6
	单位用地投资	1 928.455 6	3 458.656 6	4 190.400 6
	单位用地产出	2 962.534 4	3 117.906 2	5 980.328 4

不同区域土地资源分布及结构等因素的差异,导致同类建设项目用地在区域间存在较大的差异,本研究以加油站、输变电工程项目作为典型代表,测算项目用地在3类地区间的相对数,并以之作为区域调整系数值,其中Ⅰ类地区值为1。测算结果(表4-5)显示,不同项目间单位建设规模耗地指标的区域调整系数值差异最大,单位用地产出指标的区域调整系数值差异最小,整体来看,建设项目用地区域差异较为突出。

表 4-5　指标区域调整系数值表

类型	指标	Ⅰ类地区	Ⅱ类地区	Ⅲ类地区
加油站	单位建设规模耗地	1	0.496 4	0.447 6
	单位用地投资	1	1.259 7	1.521 0
	单位用地产出	1	1.089 1	1.151 0
输变电站	单位建设规模耗地	1	0.606 4	0.495 3
	单位用地投资	1	1.793 5	2.172 9
	单位用地产出	1	1.052 4	2.018 7
平均值	单位建设规模耗地系数	1	0.551 4	0.471 5
	单位用地投资系数	1	1.526 6	1.847 0
	单位用地产出系数	1	1.070 8	1.584 9
最小调整幅度值	单位建设规模耗地系数	1	0.606 4	0.495 3
	单位用地投资系数	1	1.259 7	1.521 0
	单位用地产出系数	1	1.052 4	1.151 0

4.2.4　单位用地规模报酬变化实证分析

建设项目在微观层面上也是按照"土地边际规模报酬递减规律"确定用地规模的,考虑到不同建设项目自身生产经营产出的差异较大,本次实证分析以建设项目建设规模为建设项目产出水平的代表,选取用地规模为自变量,进行相关回归分析。

在统计分析中,一般将样本案例 30 作为大小样本的临界点,这样既保证统计分析能够较大范围地覆盖各类建设项目,又能保证统计分析结果的可靠性,下文选择保障点、光伏、输变电工程 3 类项目①进行实证分析。

通过回归分析,各类型项目用地与项目建设规模存在较为显著的相关关系,具体如表 4-6 所示。

表 4-6 回归方程表

序号	项目	因变量	自变量	回归方程	R^2
1	光伏	用地规模(y)	总装机容量(x)	$y=8.642+2.302x$	0.972
2	保障点	用地规模(y)	保障人数(人)(x)	$y=-1.741+0.622\ln(x)$	0.898
3	输变电工程	用地规模(y)	装机容量(x)	$y=-0.266+0.274\ln(x)$	0.927

光伏项目用地规模的主要影响因素选取建设项目总装机容量。光伏项目用地规模与项目总装机容量呈现显著正向线性相关,回归拟合度为 0.972,光伏企业单位用地产出效益基本保持不变,光伏装机容量在现有的技术水平下,未出现单位产出无限增加趋势,基本维持固定产出。保障点项目用地规模的主要影响因素选取建设项目保障人数。通过回归分析,保障点项目用地规模与项目保障人数呈现显著的对数相关关系,回归拟合度为 0.898。输变电工程项目用地规模的主要影响因素选取建设项目装机容量。通过回归分析,输变电工程项目用地规模与项目发电装机容量呈现显著的对数相关关系,回归拟合度为 0.927,详见图 4-1。

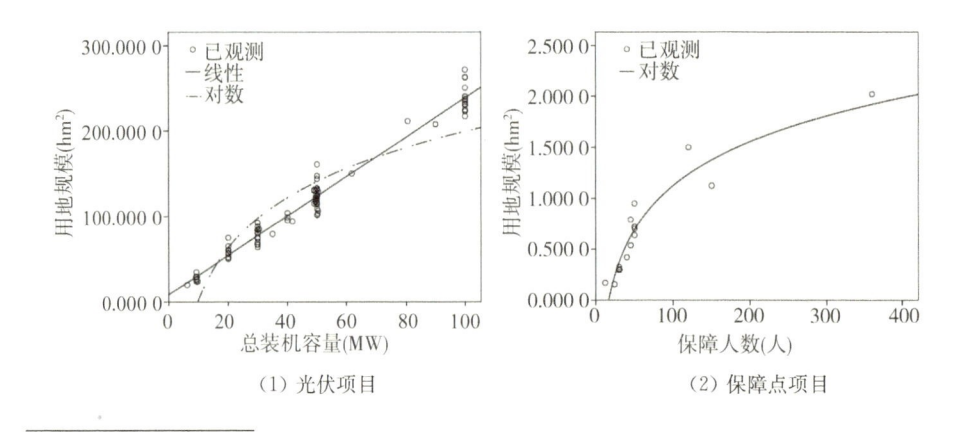

(1) 光伏项目   (2) 保障点项目

---

① 加油站项目虽然项目相对较多,但涉及市(州)基本涵盖Ⅰ、Ⅱ、Ⅲ类地区,项目用地区域特点突出,考虑到同类型地区样本量较少,本节不作统计分析。

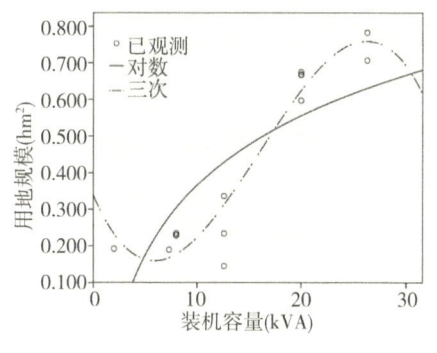

(3) 输变电工程项目

图 4-1 项目用地规模回归曲线

各类项目的用地规模回归方程系数主要反映单位规模变化所引起的用地量的增减变化，回归方程的二次系数能够较好地反映随着项目建设规模的增加，项目用地规模的变化趋势。项目单位用地变化情况如表 4-7 所示。

表 4-7 项目单位用地变化情况表

序号	项目	回归方程系数	二次系数	自变量范围
1	光伏	$P_1=2.302$	$P_2=0$	6～100
2	保障点	$P_1=0.622/x$	$P_2=-0.622/x^2$	24～360
3	变电站	$P_1=0.274/x$	$P_2=-0.274/x^2$	3～26

从建设项目规模对土地、资金、劳动的依赖程度来分析，劳动及资金密集型行业属于用地集约型，项目的建设规模对于土地的依赖程度较低，对于区域土地资源的需求较小。单纯的劳动或资金密集型行业属于用地低效集约型，项目的建设规模对于土地的依赖程度较高，对于区域土地资源的需求较大。土地密集型行业属于用地扩展型，项目的建设规模对土地的依赖程度较高。各类项目对生产要素投入的依赖程度是不同的，对土地的使用量变化也呈现明显的规律性。

4.2.5 建设项目土地要素产出贡献率分析

1928 年美国数学家查尔斯·W. 柯布（Charles W. Cobb）和经济学家保罗·H. 道格拉斯（Paul H. Douglas）提出了生产函数的数学模型，即 C-D 生产函数模型：

$$Y=AK^{\alpha}L^{\beta} \qquad (\alpha+\beta=1, 0\leqslant\alpha\leqslant1, 0\leqslant\beta\leqslant1) \qquad (4-1)$$

1937年,杜兰德(Durand)提出新的生产函数,取消了 $\alpha+\beta=1$ 的条件;1942年,为了测定技术进步,丁伯根(Tinbergen)提出在生产函数中加入时间指数趋势项;1957年,索洛(Solow)对C-D生产函数模型进行了改进;毛振强等(2007)在索洛改进模型基础上,引入土地因素,得到如下模型:

$$Y=A(t)K^{\alpha}L^{\beta}P^{\gamma}$$
$$A(t)=A^{0}e^{\lambda t} \tag{4-2}$$

以上各式中:Y、K、L、P 分别表示产出、资金投入量、劳动力的投入量、土地投入量,A 为效率系数,$A(t)$ 为效率函数,t 变量代表技术水平,α、β、γ 分别代表资金的产出弹性系数、劳动的产出弹性系数、土地的产出弹性系数,其中,$\alpha+\beta+\gamma$ 可以大于1、小于1或等于1,即规模报酬递增、规模报酬递减或规模报酬不变。将式(4-2)转化为

$$Y=A(t)f(K,L,P) \tag{4-3}$$

对式(4-3)左右两边关于 t 求导得:

$$\frac{\mathrm{d}Y}{\mathrm{d}t}=\frac{\mathrm{d}A}{\mathrm{d}t}f+\frac{\partial Y}{\partial K}\frac{\mathrm{d}K}{\mathrm{d}t}+\frac{\partial Y}{\partial L}\frac{\mathrm{d}L}{\mathrm{d}t}+\frac{\partial Y}{\partial P}\frac{\mathrm{d}P}{\mathrm{d}t} \tag{4-4}$$

将式(4-4)两边乘以 $\mathrm{d}t/Y$ 得:

$$\frac{\mathrm{d}Y}{Y}=\frac{\mathrm{d}A}{A}+\alpha\frac{\mathrm{d}K}{K}+\beta\frac{\mathrm{d}L}{L}+\gamma\frac{\mathrm{d}P}{P} \tag{4-5}$$

以差分代替微分,当 $\Delta t \to 1$ 时,有:

$$\frac{\Delta Y}{Y}=\frac{\Delta A}{A}+\alpha\frac{\Delta K}{K}+\beta\frac{\Delta L}{L}+\gamma\frac{\Delta P}{P} \tag{4-6}$$

令 $y=\frac{\Delta Y}{Y}$,$a=\frac{\Delta A}{A}$,$k=\frac{\Delta K}{K}$,$l=\frac{\Delta L}{L}$,$p=\frac{\Delta P}{P}$

则上式可表示为

$$y=a+\alpha k+\beta l+\gamma p \tag{4-7}$$

进而式(4-1)可表示为公式(4-7),其中 y、k、l、p 分别表示产出、资金、劳动力、土地的增长率。资金、劳动、土地、技术进步对项目产出增长的贡献率分别为:

$$\alpha k/y,\beta l/y,\gamma p/y,(y-\alpha k-\beta l-\gamma p)/y \tag{4-8}$$

运用式(4-8)对土地要素投入的贡献率进行测算并分析。根据单个建设项

目对各生产要素的敏感性,本次以改进后的模型为基础,对模型进行调整,在测算中剔除劳动要素投入,即系数 β 为零。

采用 SPSS 软件对选取的 4 类建设项目 C-D 生产函数模型进行统计分析,其中产出水平考虑到单个项目经营获利差异较大,在具体回归分析中用项目的建设规模代替,从而剔除单个建设项目因经营能力等微观层面差异引起的分析误差,具体统计分析结果如表 4-8 所示。

表 4-8　典型项目 C-D 生产函数回归系数表

模型	光伏项目	保障点项目	输变电工程项目	水电站项目
R^2	0.982(*)	0.832(*)	0.746(*)	0.821(*)
a 系数	-0.132	1.785	4.673	1.978
α 系数(资金)	0.391(*)	0.364(*)	0.748(*)	0.348(**)
γ 系数(土地)	0.703(*)	0.556(*)	0.351(*)	0.373(*)

注:(*)表示回归系数 Sig. 值小于 0.05,(**)表示回归系数 Sig. 值小于 0.01。

通过统计分析,4 类建设项目的投入产出回归函数显著性都比较高,回归方程对观测值的拟合度较高,回归方程能够较好地反映各类建设项目资金、土地两要素投入对建设项目产出的影响程度。

各类建设项目的土地要素投入对项目整体的产出弹性系数都比较高,其中光伏项目中土地要素的投入对项目产出的弹性系数最高,达到了 0.703,其次为保障点项目,土地要素产出弹性系数为 0.556,输变电工程项目土地要素投入产出弹性系数最低,为 0.351。

各类建设项目产出模型的回归标准化残差概率分布如图 4-2 所示。

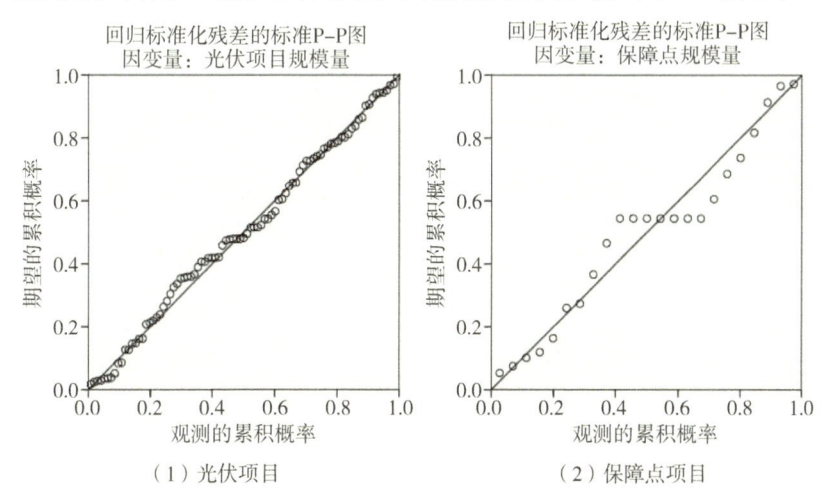

（1）光伏项目　　　　　　　（2）保障点项目

（3）水电站项目　　　　　　（4）输变电工程项目

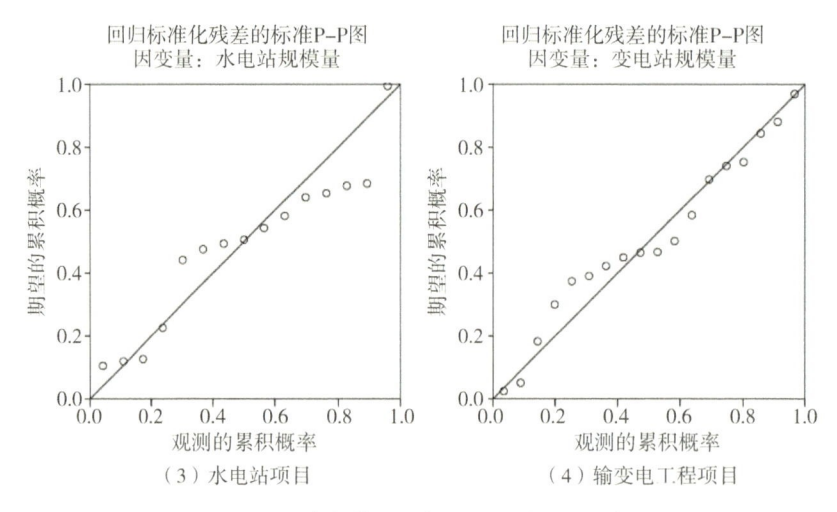

图 4-2　产出模型回归标准残差概率分布

4.3　项目用地特点总结

本节通过选取典型项目，从项目用地区域差异、项目单位建设规模用地变化、建设项目生产函数分析等方面对建设项目用地的基本特点进行了总结，具体如下。

（1）建设项目在用地上存在区域差异，并呈规律性变化。建设项目用地规模与地形地貌及土地资源的稀缺程度高度相关，表现为地形地貌复杂、可利用土地资源相对较少的区域，建设项目用地规模也相对较小；反之亦然。

（2）建设项目单位土地投入产出变化符合"边际规模报酬递减规律"。由项目建设规模与用地规模变化关系的实证分析结果可知，随着建设规模的扩大，单位土地投入不是无止境地增加，而是具有一定的上限，存在最优用地规模。

（3）建设项目投入产出变化符合 C－D 生产函数模型，在生产要素的投入中，土地和资金要素的投入产出变化明显，土地投入的产出弹性系数较高，但劳动的投入产出变化不明显，主要表现为单个项目劳动力价格变化扰动较大，规律不明显。

4.4 项目节地的具体内涵

通过以上理论及实证分析研究,我们可以看出,具体建设项目用地更加微观,项目用地机理在具体项目的土地利用中体现得较为明显,建设项目在土地利用上存在规律性。参考相关土地节约集约利用评价影响因素研究,为科学、合理地反映建设项目土地节约集约利用水平,本研究将建设项目土地节约集约利用的具体内涵定义为以下四个方面。

(1) 用地规模最优。同类型建设项目在相同的土地资源分布区域,在正常满足项目生产工艺的要求下,存在土地要素最佳投入的规模控制量,能够实现土地资源的最优配置。

(2) 用地强度与经济发展相协调。在经济发展的特定阶段,同类建设项目在单位投资强度、土地纵向与横向利用上都达到最优,能够与区域经济发展阶段各要素投入组合相协调。

(3) 用地结构合理。同类型建设项目在内部用地布局、不同类型土地资源组合利用上达到最优,能够实现土地资源的合理配置。

(4) 用地效益突出。建设项目的各类产出水平能够达到同类项目的最优水平,从而提升土地的利用效益。

在以上四个层次上,单位用地规模控制是节约集约用地的基础,它也最能体现建设项目的土地节约集约利用情况。不同建设项目的建设规模量不尽相同,如水电站建设项目的建设规模量为装机容量,加油站建设项目为油罐总容量,选取准确的项目建设规模量对于评价的合理性至关重要。

5 建设项目节地评价方法

建设项目土地节约集约利用的具体内涵包括用地规模最优、用地强度与经济发展相协调、用地结构合理、用地效益突出四个层面,采用定量的评价方法可以综合反映建设项目用地节约集约程度。定量的评价结果是土地资源配置相关决策的重要参考。

5.1 评价方法概述

目前土地节约集约利用评价方法较多,较为常用的是多因素综合评价法,它采用多个评价指标对参与评价的多个对象进行评价,通过将多个指标转化为一个能够反映综合情况的指标来进行评价。考虑到建设项目类别较多,各指标值差异较大,建设项目土地节约集约利用评价采用多因素综合评价法,以全面反映建设项目土地节约集约利用情况。多因素综合评价方法一般包括5个过程:①评价指标选取;②指标权重确定;③指标标准值确定;④指标值标准化测算;⑤综合评价分值测算。

5.2 评价指标选取

5.2.1 评价指标确定

建设项目节地评价涉及的用地规模、用地强度、用地结构、用地效益4个评价层的具体指标依照以下4个原则进行选择:①主导因素原则。影响项目土地节约集约利用程度的因素较多,在选取具体评价指标时要根据评价目的、评价对象,选择主导因素作为评价指标。②可比性原则。选取的指标应该在同类项目土地节约集约利用评价中具有普遍适用性,指标数据值的不同能够反映项目用地规模的变化。③综合性原则。选择的评价指标要能够从土地节约利用、土地集约利用、土地管理政策落实等方面,全面综合反映土地节约集约利用水平。④可操作性原则。选取指标时应充分考虑指标值的可得性,相关数据应能够从统计数据、典型案例、实地调查中取得,操作性强。

按照以上指标选取原则,结合已有学者关于指标体系构建的研究,通过逐步筛选,本研究共确定11个具体评价指标,其中用地规模评价层选取1个评价指标,用地强度评价层选取3个评价指标,用地结构评价层选取5个评价指标,用地效益评价层选取2个评价指标,详见表5-1。

表 5-1　评价指标表

序号	指标类别	评价指标	内涵	备注
1	用地规模	单位规模耗地	项目总用地面积与项目规模量的比值,反映土地节约利用水平	必选
2	用地强度	投资强度	单位用地固定资产投资强度	必选
3	用地强度	建筑系数	建(构)筑物占地总面积与项目总用地面积的比值,反映土地横向利用率水平	必选
4	用地强度	容积率	项目建筑总面积与总用地面积的比值,反映土地纵向利用率水平	必选
5	用地结构	功能分区合理度	跟同类项目相比,各功能区用地比例是否协调,是否存在功能区用地分布不合理情况	必选
6	用地结构	占用耕地比例	项目建设占用耕地比例,反映项目保护耕地情况	必选
7	用地结构	存量建设用地利用率	新建项目利用原有建设用地比例,反映项目挖潜利用建设用地情况	必选
8	用地结构	绿地率	工业等其他类项目绿地面积占总用地面积的比例,控制相关项目绿地面积比例	可选
9	用地结构	行政办公及生活服务区比例	工业等其他类项目行政办公及生活服务区面积占总用地面积的比例,控制相关类型项目行政办公生活区域面积比例	可选
10	用地效益	单位用地产出水平/社会效益度	单位用地产出水平反映项目产出水平,其中盈利类项目测算项目单位用地产出水平,社会效益度反映项目的社会贡献程度	必选
11	用地效益	地均吸纳劳动力人数	反映项目创造就业岗位的能力	必选

5.2.2　指标值测算过程

选取评价指标共 12 个,各指标现状值的测算过程及说明如下。

（1）单位规模耗地

$$单位规模耗地 = 项目总用地面积 / 项目规模量$$

该指标反映项目单位规模增加耗地程度,为负相关指标,同类项目规模量指标相同,不同类型项目规模量不同。常见项目规模量选择情况为:光伏项目规模量选择总装机容量,保障点项目规模选择保障人数,水电站项目规模量选择装机容量,选矿项目规模量选择年均采选量,输变电工程项目规模量选择主变容量,加油站项目规模量选择油罐总容量。

(2) 投资强度

$$投资强度 = 项目固定资产投资 / 项目总用地面积$$

该指标反映单位用地固定资产投资强度，为正相关指标。

(3) 建筑系数

$$建筑系数 = 建(构)筑物占地总面积 / 项目总用地面积$$

该指标为建(构)筑物占地总面积与项目总用地面积的比值，反映土地横向利用率水平，为正相关指标。

(4) 容积率

$$容积率 = 项目建筑总面积 / 项目总用地面积$$

该指标为项目建筑总面积与总用地面积的比值，反映土地纵向利用率水平，为正相关指标。

(5) 功能分区合理度

$$功能分区合理度 = 项目功能分区比例与标准案例项目比例的拟合度$$

该指标主要考察跟同类项目相比，待测项目各功能区用地比例是否协调，是否存在功能区用地分布不合理情况。具体测算公式为 $\alpha = \text{ave}\left(\left|\frac{\beta_i - \beta}{\beta}\right|\right)$，$\alpha$ 表示地块规则度，ave 为平均数函数，β_i 为 i 功能单位比例，β 为标准比例。

(6) 占用耕地比例

$$占用耕地比例 = 项目占用耕地面积 / 项目总用地面积$$

该指标通过项目占用耕地面积的比例反映耕地资源替代情况，为负相关指标。

(7) 存量建设用地利用率

$$存量建设用地利用率 = 项目占用建设用地面积 / 项目总用地面积$$

该指标为建设项目利用原有建设用地面积占总用地面积的比例，反映项目挖潜利用建设用地情况，为正相关指标。

(8) 绿地率

$$绿地率 = 绿地面积 / 项目总用地面积$$

工业等其他类项目绿地面积占总用地面积的比例，控制相关项目绿地面积比例。该指标为负相关指标。

(9) 行政办公及生活服务区比例

行政办公及生活服务区比例＝行政办公及生活服务区域面积/项目总用地面积

工业等其他类项目行政办公及生活服务区面积占总用地面积的比例,控制相关类型项目行政办公生活区域面积所占比例。该指标为负相关指标。

(10) 单位用地产出水平

单位用地产出水平＝项目年产值/项目总用地面积

该指标反映项目产出水平,其中盈利类项目测算项目单位用地产出水平,为正相关指标。

(11) 社会效益度

该指标反映项目的社会贡献程度,不同类型项目的社会效益度分别按等级确定。该指标为正相关指标。

(12) 地均吸纳劳动力人数

地均吸纳劳动力人数＝项目吸纳人数/项目总用地面积

该指标反映项目创造就业机会,为正相关指标。

5.3 指标权重确定

根据《建设项目土地节约集约利用评价指标权重及标准值确定研究》(附录专题二)相关成果,评价指标权重采用专家咨询法、成对因素比较法、层次分析法综合确定,其中用地规模目标层权重为 22.37%,用地强度目标层权重为 27.61%,用地结构目标层权重为 24.82%,用地效益目标层权重为 25.20%。各指标对总目标的权重详见表 5-2。

表 5-2 指标权重表

目标层	指标层	权重
用地规模(22.37%)	单位规模耗地	22.37%
用地强度(27.61%)	投资强度	12.04%
	建筑系数	9.03%
	容积率	6.54%

续表

目标层	指标层	权重
用地结构(24.82%)	功能分区合理度	6.29%
	占用耕地比例	6.17%
	存量建设用地利用率	5.24%
	绿地率	3.63%
	行政办公及生活服务区比例	3.49%
用地效益(25.20%)	单位用地产出水平/社会效益度	15.72%
	地均吸纳劳动力人数	9.48%

当评价指标体系中不选取部分指标时，该非必选指标的权重按照所选指标的权重进行加权，分解到各指标。各指标权重为参考值，允许存在小范围浮动调整。

5.4 评价指标值标准化方法

指标标准化是通过数学变换来消除原始指标值的量纲差异，从而实现多指标评价目标的过程。评价选取的指标分为正相关指标、负相关指标、阈值指标、定性指标4类。其中，正相关指标值越大，反映建设项目的节约集约利用程度越高。负相关指标值越大，反映建设项目的节约集约利用程度越低。阈值指标在一定的取值范围内，现状值离标准值越远，反映项目用地节约集约利用程度越低。定性指标按照分档赋予对应的评价分值。

（1）负相关指标标准化

该类指标与评价目标负相关，项目标准值选择最优值，具体涉及指标有单位规模耗地、占用耕地比例、绿地率、行政办公及生活服务区比例，具体标准化方法为

$$X_i = \left(1 - \frac{a_i}{A_i}\right) \times 100 \qquad (5-1)$$

式中：X_i 为第 i 个指标的分值；a_i 为第 i 个指标的现状值；A_i 为第 i 个指标的标准值。单项评价指标分值在 0~100，当计算值大于 100 时，该项指标的实现度分值记为 100。

（2）正相关指标标准化

该类指标与评价目标正相关，项目标准值选择最优值，具体涉及指标有建筑

系数、容积率、投资强度、单位用地产出水平、社会效益度、地均吸纳劳动力人数、存量建设用地利用率,具体标准化方法为

$$X_i = \frac{a_i}{A_i} \times 100 \tag{5-2}$$

式中:X_i 为第 i 个指标的分值;a_i 为第 i 个指标的现状值;A_i 为第 i 个指标的标准值。单项评价指标分值在 0~100,当计算值大于 100 时,该项指标的实现度分值记为 100。

（3）阈值指标标准化

在一定的取值范围内,现状值远离标准值越大,反映项目用地节约集约利用程度越低。具体标准化方法为

$$X_i = \left(1 - \frac{|a_i - A_i|}{A_i}\right) \times 100 \tag{5-3}$$

式中:X_i 为第 i 个指标的分值;a_i 为第 i 个指标的现状值;A_i 为第 i 个指标的标准值。单项评价指标分值在 0~100,当计算值大于 100 时,该项指标的实现度分值记为 100。

（4）定性指标标准化

按照指标现状值的分档赋予对应指标的评价分值。

5.5 评价指标标准值确定

指标的标准值又称理想值或合理值。确定指标标准值主要是为了对指标的现状值进行标准化,以便于对不同指标进行同一层次的综合分析。本研究根据行业设计规范、实际项目建设规模和频率等,确定理想标准用地案例的各项建设条件、用地相关指标等的理想值。

5.5.1 标准值确定方法

根据《建设项目土地节约集约利用评价指标权重及标准值确定研究》专题相关成果,本研究从标准案例取值法、3δ 法则取值法、政策规范取值法中选取两种及以上方法来确定评价指标的标准值,以其中一种取值方法为主,以其余方法为辅。各类型项目具体评价指标的标准值确定主要方法详见表 5-3。

表 5-3 常用标准值确定主要方法

序号	项目类别	项目大类	标准案例取值法	3δ法则取值法	政策规范取值法
1	石油天然气类	加油站	存量建设用地利用率、功能分区合理度、占用耕地比例	单位规模耗地、投资强度、单位用地产出水平、地均吸纳劳动力人数	建筑系数、容积率、绿地率、行政办公及生活服务区比例
		保障点	存量建设用地利用率、功能分区合理度、占用耕地比例	单位规模耗地、投资强度	建筑系数、容积率、绿地率、行政办公及生活服务区比例
2	电力类	光伏	存量建设用地利用率、功能分区合理度、占用耕地比例	单位规模耗地、投资强度、单位用地产出水平、地均吸纳劳动力人数	建筑系数、容积率、绿地率、行政办公及生活服务区比例
		输变电工程	存量建设用地利用率、功能分区合理度、占用耕地比例	单位规模耗地、投资强度、单位用地产出水平、地均吸纳劳动力人数	建筑系数、容积率、绿地率、行政办公及生活服务区比例
		水电站	单位规模耗地、功能分区合理度、占用耕地比例、存量建设用地利用率、单位用地产出水平/社会效益度、地均吸纳劳动力人数	—	建筑系数、容积率、绿地率、行政办公及生活服务区比例、投资强度
3	采矿类	采矿项目	全部指标	—	—
4	工业类	工业(余热发电)	单位规模耗地、功能分区合理度、占用耕地比例、存量建设用地利用率、单位用地产出水平/社会效益度、地均吸纳劳动力人数	—	建筑系数、容积率、绿地率、行政办公及生活服务区比例、投资强度
		工业(其他项目)	单位规模耗地、功能分区合理度、占用耕地比例、存量建设用地利用率、单位用地产出水平/社会效益度、地均吸纳劳动力人数	—	建筑系数、容积率、绿地率、行政办公及生活服务区比例、投资强度
5	水利类	供水/防洪工程	全部指标	—	—
6	公益基础其他类	综合	全部指标	—	—

本研究对于研究案例较多的石油天然气类、电力类项目根据情况采用三种方法中任意一种作为主要方法，对于研究案例较少的采矿类、工业类、水利类、公益基础其他类项目，则以标准案例取值法和政策法规取值法为主。针对工业类项目、公益基础其他类项目研究案例较少，且内部项目差异较大的情况，本研究选取有代表性的部分案例作为今后同类型建设项目节约集约利用评价的标准值参考。

5.5.2　评价指标标准值

根据《建设项目土地节约集约利用评价标准案例研究》专题研究相关成果，各类型建设项目指标标准情况如下。

（1）典型项目指标标准值

建设频率较高、研究案例较多的加油站、保障点、光伏、输变电工程、工业（余热发电）等项目，在Ⅰ类地区的指标标准值见表5-4。

5 建设项目节地评价方法

表 5-4 典型项目指标Ⅰ类地区标准值

序号	指标层	加油站	保障点	光伏	输变电工程	工业(余热发电)	水电站(引水式)	水电站(坝式)	选矿	尾矿
1	单位规模耗地	89 m²/m³	456 m²/人	6.148 hm²/MW	0.915 7 m²/kVA	0.3 hm²/MW	0.6 hm²/MW	0.9 hm²/MW	0.800 hm²/万 t	0.3×10⁻⁴ hm²/m³
2	建筑系数(%)	43	60	91.5	71.96	30	85	12	55.15	90
3	容积率	0.5	0.9	0.92	0.75	0.4	0.9	0.2	0.6	0.92
4	功能分区合理度	0.25	0.25	0.25	0.25	0.25	0.25	0.25	0.25	0.25
5	投资强度(万元/hm²)	2 151	1 663	574	2 837	7 500	3 000	1 300	6 000	750
6	单位用地产出水平(万元/hm²)	11 926	—	199	4 090	3 000	400	350	3 500	—
7	地均吸纳劳动力人数(万人/hm²)	28	—	34	9	50	5	5	55	2
8	存量建设用地利用率(%)	40	15	3	20	10	10	10	10	10
9	占用耕地比例(%)	100	100	100	100	100	100	100	100	100
10	绿地率(%)	10	15	1	5	15	5	5	5	5
11	行政办公及生活服务区比例(%)	18	40	0.5	10	7	10	10	7	7

对评价指标中受地域差异影响较大的单位规模耗地、投资强度、单位用地产出水平三个指标，在Ⅰ类地区标准值的基础上，Ⅱ、Ⅲ类地区标准值按表5-5中的调整系数进行调整，其余评价指标的标准值保持不变。

表 5-5 区域调整系数参考表

类型	指标	Ⅰ类地区	Ⅱ类地区	Ⅲ类地区
调整幅度值	单位规模耗地系数	1	0.606 4～1	0.495 3～1
	单位用地投资系数	1	1～1.259 7	1～1.521 0
	单位用地产出系数	1	1～1.052 4	1～1.151 0

不同建设项目可根据自身所在区域的分类，再结合实际建设区微观地形地貌、项目特点选择标准值调整系数，但最大调整范围不能超出以上范围。

(2) 其他项目指标标准值

研究案例较少、项目大类下子项目较多的工业项目、水利项目及公益基础其他类项目的指标标准值可参考表5-6、表5-7。

(3) 主要项目功能区用地标准比例参考

主要项目功能区用地标准比例可参考表5-8。

表 5-6 工业类项目相关指标标准值

类型		A 钢铁物流园项目	B 大型煤炭综合物流园	C 煤转化循环经济年产 70 万吨烯烃项目(工业)	D 煤炭分质及煤焦油加氢精制综合利用项目(工业)	E 优质铸造(精密铸造)项目(工业)
	主要规模量	钢材年流转量 750 万 t	年发送原煤 3 000 万 t	年产烯烃 70 万 t	原料煤脏运 1 000 万 t/a	年产生铁量 180 万 t
	用地总面积(hm²)	114.15	72.000 3	211.900 0	321.313 1	23.130 8
	单位规模耗地(10⁻⁴ hm²/t)	0.152 3	0.024 0	3.027 1	0.321 3	0.128 5
	建筑系数(%)	34.66	43.79	75.56	96.13	82.44
	容积率	—	—	0.8	1	0.9
相关指标	投资强度(万元/hm²)	2 619	1 508	12 289	2 641	2 845
	单位用地产出(万元/hm²)	4 167	18 750	4 300	2 427	11 900
	地均吸纳劳动力人数(人/hm²)	14	2	7	4	24
	占用耕地比例(%)	0.39	41.01	96.94	0.47	54.55
	绿地率(%)	—	22.42	15.00	10.27	17.55
	行政办公及生活服务区比例(%)	3.35	6.35	0.94	4.36	54.55

表 5-7 水利类及公益基础其他类项目相关指标标准值

类型		A 中学分校建设项目	A 山洪预警监测站	A 引水供水工程	B 供水工程	A 防洪治理工程	A 台站工程
相关指标	主要规模量	容纳学生 6 000 人	县级山洪预警	年提水量 4 970 万 m³	年引水量 1 073 万 m³	新建护岸及护坡长度 260.947 km	—
	用地总面积(hm²)	29.030 4	3.333 3	8.133 7	8.320 3	514.418 1	1.083 9
	单位规模耗地	48.38 m²/人	—	16.4 m²/m³	77.5 m²/m³	1.73 hm²/km	—
	建筑系数(%)	27.93	8.32	80.82	100	—	11.90
	容积率	0.73	—	—	—	—	—
	投资强度(万元/hm²)	1 884	25	8 622	1 935	8 622	3 650
	社会效益	容纳学生 6 000 人	县级山洪预警	受益人口 54.14 万人	县级供水	大型河流指标 100 分；中型河流指标 70 分；小型河流指标 40 分。	各级台站
	地均吸纳劳动力人数(人/hm²)	17 人/hm²	1 人/hm²	13 人/hm²	9 人/hm²	30 人/km²	6 人/hm²
	占用耕地比例(%)	92.87	0	67.87	0	26.70	0
	绿地率(%)	37.18	0	—	—	—	0
	行政办公及生活服务区比例(%)	14.73	2.08	—	—	—	24.44

表 5-8 主要项目功能区用地标准比例参考值　　　（单位:%）

类型	生产设施用地比例	行政办公与生活服务区比例	道路及其他用地比例
加油站	29	14	57
输变电工程	79	10	11
采矿类(选矿)	42	8	50
采矿类(尾矿)	96	3	1
水电站(引水式)	38	15	47
水电站(坝式)	25	1	74
工业(余热发电)	23	7	70
保障点	20	39	41

5.6 综合评价分值测算

评价总分值的计算方法采用各单项评价指标分值加权求和的方法:

$$Y = \sum_{i=1}^{n} W_i \times X_i \tag{5-4}$$

式中:Y 为土地利用集约度综合分值;W_i 为第 i 个指标的权重;X_i 为第 i 个指标的分值;n 为指标数量。

5.7 评价结果分析

根据目前土地节约集约利用的标准,可将建设用地节约集约利用水平划分为低度利用、适度利用、中度利用、高度利用 4 个水平,见表 5-9。

评价的 3 个维度(用地规模、用地强度和效益、用地结构)分值的高低主要反映建设项目用地规模的节约情况、集约情况、政策落实情况,按照分值的高低从压减用地规模、提高土地投入水平、严格落实相关用地政策等方面,对建设项目节约集约用地提出相关建议和意见。

表 5-9 土地节约集约利用程度综合指数值

集约度值	$Y<60$	$60 \leqslant Y<75$	$75 \leqslant Y<90$	$Y \geqslant 90$
评判标准	低度利用	适度利用	中度利用	高度利用

将各单项评价目标节约集约分值划分为高、中、低 3 个类别,其中单项目标分值处于高类别的,说明建设项目单项目标符合国家节约集约利用政策;单项目标分值处于中类别的,说明建设项目单项目标基本符合节约集约用地要求,但存在一定的提升空间,在项目用地过程中可通过局部调整,进一步提升节约集约利用水平;单项目标分值处于低类别的,说明建设项目单项目标未能达到节约集约用地的水平,存在较大的调整优化空间,详见表 5-10。

表 5-10 土地节约集约利用程度单项情况分析表

单项目标	高	中	低
用地规模	单项得分在 80 分以上,建设项目用地规模控制较好,用地节约	单项得分在 60～80 分,建设项目用地规模控制较好,用地节约,但存在提升空间	单项得分在 60 分以下,建设项目用地规模较同类项目大,用地粗放,提升空间大
用地强度	单项得分在 80 分以上,建设项目单位用地投资强度大,土地利用效率高	单项得分在 60～80 分,建设项目单位用地投资强度较大,土地利用效率较高,但存在提升空间	单项得分在 60 分以下,建设项目单位用地投资强度较低,土地利用效率较低,提升空间大
用地结构	单项得分在 80 分以上,建设项目内部功能布置合理,用地结构体现了挖潜利用、保护耕地等要求	单项得分在 60～80 分,建设项目内部功能布置基本合理,用地结构体现了挖潜利用、保护耕地等要求,但存在提升空间	单项得分在 60 分以下,建设项目内部功能布置不合理,用地结构在挖潜利用、保护耕地等方面不足,提升空间大
用地效益	单项得分在 80 分以上,建设项目用地整体经济效益、社会效益高	单项得分在 60～80 分,建设项目用地整体经济效益、社会效益适中,存在提升空间	单项得分在 60 分以下,建设项目用地整体经济效益、社会效益低,提升空间大

6 评价体系检验

6.1 检验案例选取

按照项目建设规模、地形、政策等方面的差异选取评价库中的典型案例,共筛选出 6 类 83 个项目(表 6-1),对现有的节约集约用地评价指标体系进行合理性检验。

表 6-1 检验案例统计表

序号	项目类型	检验案例数(个)
1	加油站	21
2	变电站	17
3	水电站	13
4	保障点	22
5	采矿	7
6	余热发电	3
	合计	83

6.2 案例节约集约评价测算

经实际检验测算,加油站项目节约集约用地分值情况见表 6-2 和图 6-1。

表 6-2 加油站检验案例分值表

序号	项目名称	分值(分)
1	B 加油站迁建项目	78
2	C 加油站建设项目	70
3	D 加油站建设项目	67
4	E 加油站	74
5	F 加油站建设项目	52
6	G 加油站建设项目	38
7	H 加油站建设项目	68
8	I 加油站建设项目	77
9	J 加油站建设项目	49

续表

序号	项目名称	分值(分)
10	K 加油站建设项目	76
11	L 加油站建设项目	58
12	M 工业园区加油站建设	59
13	N 加油站迁建项目	71
14	O 加油站建设项目	79
15	P 加油站项目	75
16	Q 加油站建设项目	76
17	R 加油站建设项目	72
18	S 加油站迁建项目	81
19	T 加油站建设项目	58
20	U 加油站建设项目	75

注：因 A 加油站数据异常，剔除不予考虑。

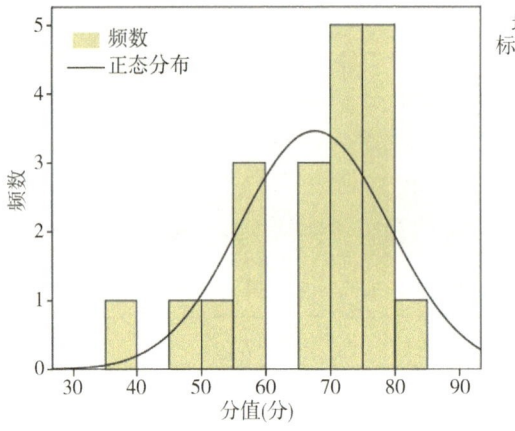

图 6-1 加油站项目节约集约用地分值频数分布直方图

经实际检验测算，水电站各项目节约集约用地分值情况见表 6-3 和图 6-2。

表 6-3 水电站检验案例分值表

序号	项目名称	分值(分)
1	A 水电站	66
2	B 三级水电站	78

续表

序号	项目名称	分值(分)
3	C 四级水电站工程	84
4	D 梯级水电站工程	49
5	E 水电站项目	71
6	F 水电站	77
7	G 二级水电站扩建工程	87
8	H 一、二级水电站项目	94
9	I 水电站工程	31
10	J 水电站工程	52
11	K 水电站工程	29
12	M 水电站	75
13	N 二级水电站项目	76

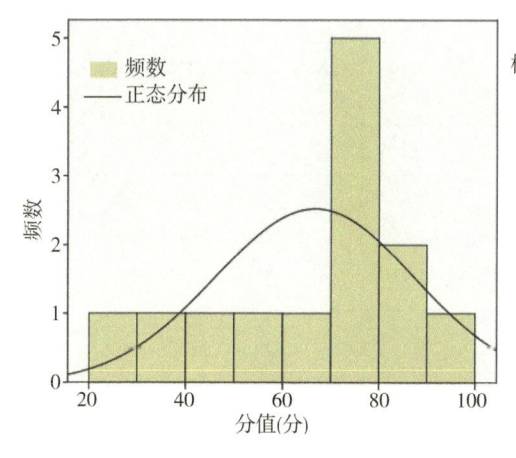

图 6-2 水电站项目节约集约用地分值频数分布直方图

经实际检验测算,变电站各项目节约集约用地分值情况见表 6-4 和图 6-3。

表 6-4 变电站检验案例分值表

序号	项目名称	分值(分)
1	A 地 35 kV 变电站工程	72
2	B 地 35 kV 变电站工程	84

续表

序号	项目名称	分值(分)
3	C 地 35 kV 变电站	66
4	D 地 35 kV 变电站工程	80
5	E 地 35 kV 中心输变电工程	74
6	F 地 35 kV 变电站	70
7	G 地 35 kV 变电站工程	68
8	H 地 35 kV 变电站工程	85
9	I 地 35 kV 变电站改造工程	82
10	J 地 35 kV 送变电工程	82
11	K 地 35 kV 送变电工程	68
12	L 地 35 kV 输变电工程	56
13	M 地 35 kV 送变电工程	51
14	N 地 35 kV 输变电工程(预留)	72
15	O 地 35 kV 输变电工程	63
16	P 地 35 kV 输变电工程	71

注:因 Q 地 35 kV 送变电工程数据异常,剔除不予考虑。

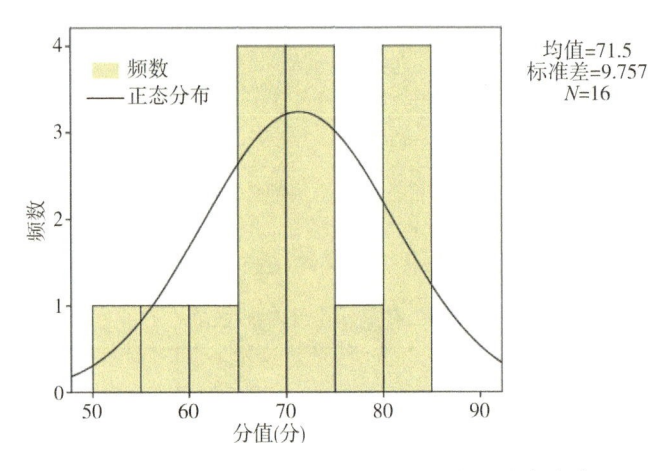

图 6-3 变电站项目节约集约用地分值频数分布直方图

经实际检验测算,保障点各项目节约集约用地分值情况见表 6-5 和图 6-4。

表 6-5　保障点检验案例分值表

序号	项目名称	分值(分)
1	A 生活保障点	66
2	B 前线生产保障点	59
3	C 前线生产保障点	66
4	D 前线生产保障点	67
5	E 保障点	62
6	F 保障点	62
7	G 井区保障点	59
8	H 生活保障点	74
9	I 增保障点	82
10	J 增保障点	87
11	K 增保障点	82
12	L 接转注水站保障点	82
13	M 井区前线保障点	79
14	N 增保障点	61
15	O 接转注水站生活保障点	71
16	P 前线生产保障点	61
17	Q 前线生产保障点	69
18	R 接转注水站生活保障点	67
19	S 增保障点	68
20	T 前线生产保障点	64
21	U 前线生产保障点	59
22	V 前线六个保障点	76

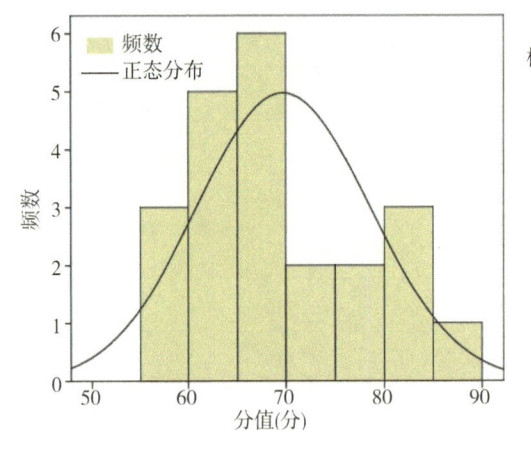

图 6-4　保障点项目节约集约用地分值频数分布直方图

采矿和余热发电项目节约集约用地分值情况分别见表 6-6 和表 6-7。

表 6-6　采矿项目检验案例分值表

序号	项目名称	分值(分)
1	A 金矿采选扩建项目	64
2	B 银硐梁锑矿采选工程	78
3	C 硅石、萤石粉选矿项目	43
4	D 金矿采选项目	51
5	E 金矿采选项目	66
6	F 铅锌矿采选工程	47
7	G 金矿采选项目	75

表 6-7　余热发电项目检验案例分值表

序号	项目名称	分值(分)
1	A 压气站余热发电工程	68
2	B 石煤提钒带余热发电项目	64
3	C 压气分输站余热发电项目	82

对全部检验案例的评价分值分布进行科尔莫戈罗夫-斯米尔诺夫正态性检验,项目评价分值的 Sig. 值小于 0.07,测算分值的分布在 93％的置信区间可信,测算分值分布基本符合正态分布,详见图 6-5 和表 6-8。经检验案例分值测算分析,整体来看,节约集约利用评价指标体系能够科学反映建设项目节约集约用地的水平。

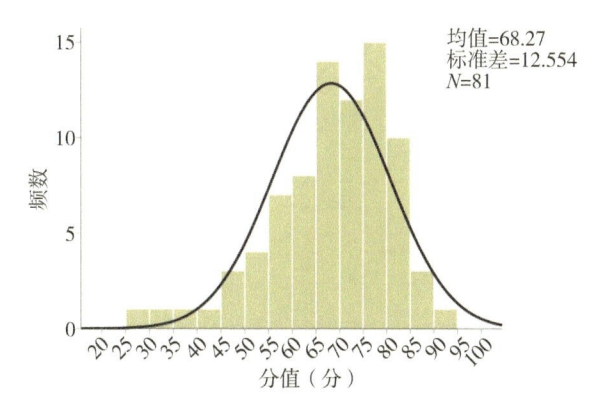

图 6-5 全部项目节约集约用地分值频数分布直方图

表 6-8 检验案例分值正态性检验

	科尔莫戈罗夫-斯米尔诺夫检验法			夏皮罗-威尔克检验法		
	统计量	df	Sig.	统计量	df	Sig.
汇总	0.107	81	0.070	0.952	81	0.005

a. Lilliefors 显著水平修正。

6.3 评价结果综合验证分析

将评价指标体系测算节约集约度分值与原项目评价结果进行比较(表 6-9),项目节约集约度分值调整度为 13.59％(项目原评价分值总和为 5 981 分,新评价值与旧评价值的差值绝对值总和为 813 分)。其中新评价指标体系在 ±5 分以上调整分值的单位用地规模符合率为 80％,即 80％的分值调增或调减的建设项目都是与单位用地现状值相符的,新的评价指标体系更加合理。

表 6-9　评价指标体系检验表　　　　　　　　单位：分

项目名称	新值	旧值	差值(取整)	差值绝对值	偏离情况
B加油站迁建项目	78	77.29	1	1	
C加油站建设项目	70	63.34	7	7	
D加油站建设项目	67	72.71	−6	6	
E加油站	74	64.99	9	9	
F加油站建设项目	52	63.17	−11	11	
G加油站建设项目	38	62.77	−25	25	
H加油站建设项目	68	74.9	−7	7	偏离
I加油站建设项目	77	74.61	2	2	
J加油站建设项目	49	77.9	−29	29	
K加油站建设项目	76	64.81	11	11	
L加油站建设项目	58	74.71	−17	17	
M工业园区加油站建设	59	75.13	−16	16	
N加油站迁建项目	71	79.9	−9	9	偏离
O加油站建设项目	79	76.83	2	2	
P加油站项目	75	64.5	11	11	
Q加油站建设项目	76	75.51	0	0	
R加油站建设项目	72	74.49	−2	2	
S加油站迁建项目	81	75.2	6	6	
T加油站建设项目	58	82.54	−25	25	
U加油站建设项目	75	78.46	−3	3	偏离
A水电站	66	71.01	−5	5	偏离
B三级水电站	78	65.32	13	13	
C四级水电站工程	84	61.57	22	22	
D梯级水电站工程	49	62.57	−14	14	
E水电站项目	71	67.43	4	4	
F水电站	77	92.17	−15	15	偏离

续表

项目名称	新值	旧值	差值(取整)	差值绝对值	偏离情况
G二级水电站扩建工程	87	86.5	1	1	
H一、二级水电站项目	94	74.05	20	20	
I水电站工程	31	81.77	−51	51	
J水电站工程	52	75.13	−23	23	
K水电站工程	29	61.82	−33	33	
M水电站	75	79.6	−5	5	偏离
N二级水电站项目	76	85.6	−10	10	
A地35 kV变电站工程	72	65.62	6	6	
B地35 kV变电站工程	84	80.93	3	3	
C地35 kV变电站	66	66.36	0	0	
D地35 kV变电站工程	80	84.98	−5	5	偏离
E地35 kV中心输变电工程	74	84.72	−11	11	
F地35 kV变电站	70	67.36	3	3	
G地35 kV变电站工程	68	79.53	−12	12	
H地35 kV变电站工程	85	79.1	6	6	
I地35 kV变电站改造工程	82	82.69	−1	1	
J地35 kV送变电工程	82	79.948	2	2	
K地35 kV送变电工程	68	84.47	−16	16	偏离
L地35 kV输变电工程	56	62.25	−6	6	
M地35 kV送变电工程	51	64.95	−14	14	
N地35 kV输变电工程(预留)	72	80.89	−9	9	偏离
O地35 kV输变电工程	63	77.826	−15	15	偏离
P地35 kV输变电工程	71	83.81	−13	13	偏离
A生活保障点	66	74.12	−8	8	
B前线生产保障点	59	65.34	−6	6	
C前线生产保障点	66	74.5	−9	9	

续表

项目名称	新值	旧值	差值(取整)	差值绝对值	偏离情况
D 前线生产保障点	67	73.61	−7	7	
E 保障点	62	70.41	−8	8	偏离
F 保障点	62	70.41	−8	8	偏离
G 井区保障点	59	69.35	−10	10	
H 生活保障点	74	64.97	9	9	
I 增保障点	82	75.55	6	6	
J 增保障点	87	75.55	11	11	
K 增保障点	82	75.55	6	6	
L 接转注水站保障点	82	75.55	6	6	
M 井区前线保障点	79	87.56	−9	9	
N 增保障点	61	61.99	−1	1	
O 接转注水站生活保障点	71	73.09	−2	2	
P 前线生产保障点	64	74.02	−10	10	
Q 前线生产保障点	69	76.02	−7	7	偏离
R 接转注水站生活保障点	67	75.61	−9	9	
S 增保障点	68	71.49	−3	3	
T 前线生产保障点	64	71.62	−8	8	偏离
U 前线生产保障点	59	79.57	−21	21	
V 前线六个保障点	76	75.56	0	0	
A 金矿采选扩建项目	64	61.79	2	2	
B 银铜梁锑矿采选工程	78	76.84	1	1	
C 硅石、萤石粉选矿项目	43	71.46	−28	28	
D 金矿采选项目	51	85.76	−35	35	
E 金矿采选项目	66	68.61	−3	3	
F 铅锌矿采选工程	47	77.7453	−31	31	
G 金矿采选项目	75	72.29	3	3	

续表

项目名称	新值	旧值	差值(取整)	差值绝对值	偏离情况
A 压气站余热发电工程	68	67.78	0	0	
B 石煤提钒带余热发电项目	64	67.19	−3	3	
C 压气分输站余热发电项目	82	76.29	6	6	
总计	5 530	5 981		813	

6.4 检验结果

经实际案例测算及与评价库评价分值对比分析，本次确定的节约集约评价指标体系整体可行，能够全面综合评价建设项目节约集约利用程度。

7 研究结论及建议

7.1　研究结论及不足

建设项目土地节约集约利用评价是以建设项目用地规模控制为基础,以土地节约集约利用为指导,综合考虑用地结构、用地强度、用地效益的建设项目土地利用专项评价。本研究通过对甘肃省2013—2015年典型建设项目进行分析,将建设项目土地节约集约利用评价常见项目划分为6个类别10个大类,并选择样本量较大的典型项目,对建设项目用地特点进行分析,得出结论:建设项目用地在区域间差异明显,建设项目单位用地规模存在最优值,建设项目土地要素投入对项目产出的弹性系数较大。本研究还在相关理论及实证研究的基础上,构建了包括建设项目用地规模、用地强度、用地结构、用地效益4类11个具体指标的评价体系,测算了相应评价权重,按照项目类型及区域差异确定了评价指标标准值。实际案例测算验证表明,从用地规模、用地强度、用地结构、用地效益4个维度确定的建设项目土地节约集约评价指标体系,能够较好地评价实际建设项目土地利用情况。

由于部分建设项目实际发生案例较少,难以全面分析确定建设项目相关评价值,因此需要在后续的建设项目土地节约集约利用评价工作中不断积累相关案例资料,逐步完善相关评价指标体系。

7.2　建议

本研究提出以下建议:

一是建设项目土地节约集约利用评价应从用地规模、用地强度、用地结构、用地效益多维度进行综合评价,建设项目土地节约集约利用评价不是仅对用地规模进行评价和控制,而是要对建设项目进行综合性评价,要综合考虑各评价指标的实现程度,从而全面反映建设项目土地节约集约利用程度。

二是建设项目土地节约集约利用评价是从源头合理配置土地资源的有效手段,建议各地方在现有各类建设项目用地标准控制的基础上,对尚无国家用地标准的各类建设项目开展节约集约用地评价,将建设项目土地节约集约用地评价的结果应用到建设项目可行性研究、初步设计、土地审批、土地供应、供后监管、竣工验收等环节。

三是建设项目单位用地规模与项目生产规模是相适应的,在土地利用评价中应充分考虑生产规模变化对用地的影响。各类项目的建设规模与用地规模存在极其显著的相关关系,在建设项目土地节约集约利用评价及建设项目用地过程中,应充分考虑不同类型建设项目用地的特点,评价项目用地的合理性。

四是在具体建设项目选址中,应结合不同行业用地特点,充分利用节约集约用地评价结果,做好空间布局。甘肃省土地资源分布在空间区域上具有显著的差异性,在建设项目选址其他因素相同的条件下,应充分考虑建设项目用地规律,对于建设项目用地规模弹性较大的行业,在建设规模的确定、选址的布设上应充分结合区域土地资源的自然供给情况,该类项目选址尽可能布设在未利用地资源丰富的区域。

附录

专题一

建设项目土地节约集约利用评价标准案例研究

第一部分　加油站项目

一、项目库情况

甘肃省加油站项目库中共有项目21个,主要分布在8个市(州),其中:庆阳市11个,陇南市3个,张掖市2个,白银市、甘南州、兰州市、平凉市、天水市各1个(专一图1-1)。项目分布的市(州)占全省市(州)总数的57%,涉及的地形地貌区域有陇南山地、陇中黄土高原、河西走廊,涵盖了甘肃省主要地形地貌大区。

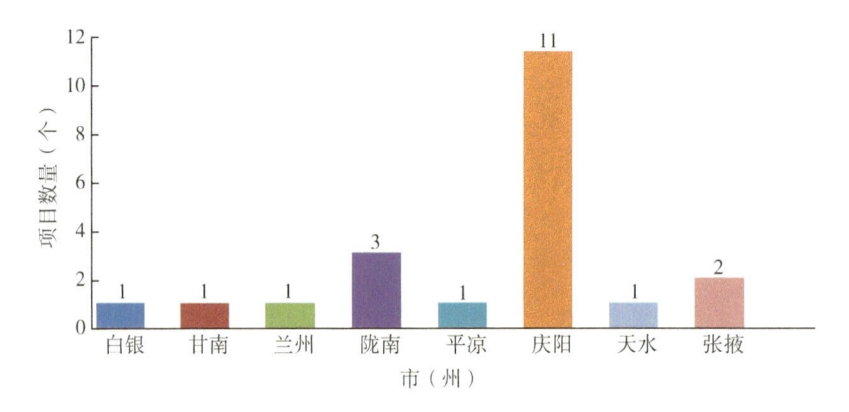

专一图1-1　加油站项目市(州)分布情况

项目库中21个加油站项目各自的油罐总容量分布在90～240 m³之间,主要分为90 m³、120 m³、150 m³、160 m³、180 m³、200 m³、240 m³七类。其中,油罐总容量为90 m³的2个,120 m³的8个,150 m³的1个,160 m³和180 m³的各3个,200 m³和240 m³的各2个(专一图1-2)。主要规模量集中在120 m³,涉及的项目数约占项目总数的38%。

21个加油站项目的用地规模分布在0.228 3～1.683 3 hm²之间,平均用地规模为0.568 8 hm²,按照大的用地区段划分,用地规模为0.2～0.6 hm²的项目

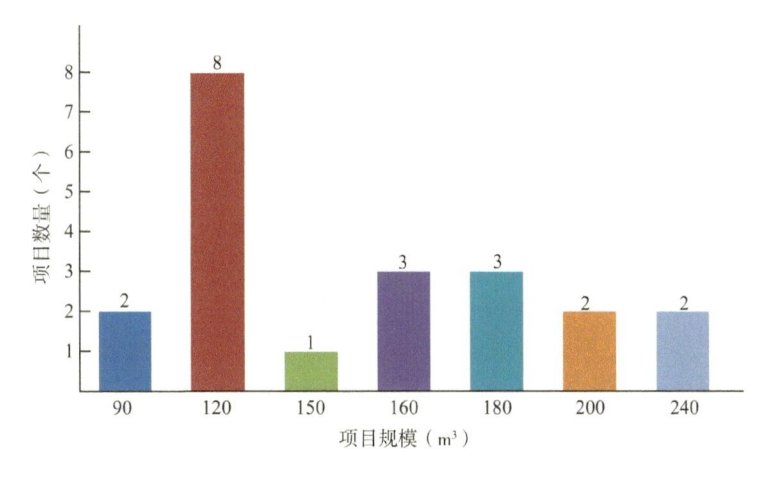

专一图 1-2　加油站项目规模情况

共计 14 个,用地规模为 0.6~1 hm² 的项目共计 5 个[①],用地规模为 1 hm² 以上的项目共计 2 个(专一图 1-3)。主要规模量集中在 0.2~0.6 hm² 区段,该区段项目数约占项目总数的 67%。

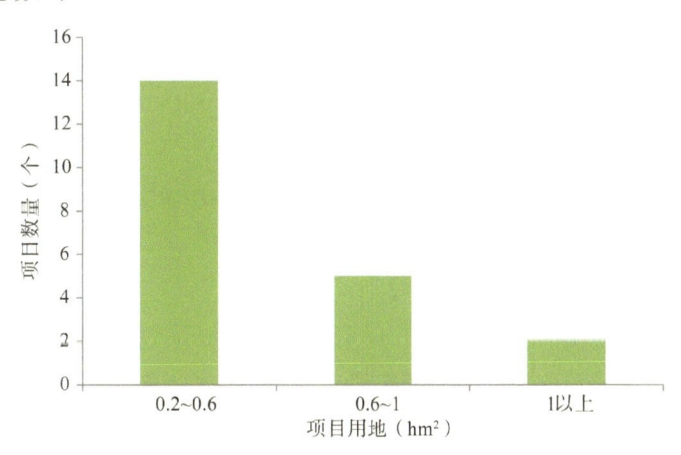

专一图 1-3　加油站项目用地情况

二、研究案例选取过程

加油站研究案例的选取主要遵循以下原则:①项目建设规模具有代表性;②项目地形地貌具有代表性;③剔除合建、情况特殊的建设项目;④项目整体用

---

① 数据下含上不含,后同。

地节约集约度水平较高。

通过回归剔除异常值,选取具有代表性的研究案例,最终确定研究案例 3 个,具体项目情况见专一表 1-1。

专一表 1-1 加油站研究案例选取情况表

序号	项目名称
1	宁县加油站项目
2	合作加油站迁建项目
3	陇南市武都区加油站建设项目

三、研究案例基本情况

（一）宁县加油站建设项目

宁县加油站是二级加油站,项目拟新建单层框架结构营业站房、加油罩棚,实埋 30 m³ 卧式钢制油罐 4 具（其中汽油罐 2 具、柴油罐 2 具）,安装潜泵加油机 4 台（为双枪加油机）、潜油泵 4 台,配置液位仪、发电机、配电柜以及监控系统。

1. 相关技术指标

该加油站主要技术指标如专一表 1-2 所示。

专一表 1-2 加油站项目 1 主要技术指标表

名　称	单位	数　量
总用地面积	hm²	0.580 0
加油站等级	—	二级
人员编制	人	12
固定资产投资	万元	1 507.2
年产值	万元	5 433
总建（构）筑物用地面积	m²	1 000
建筑系数	%	17.24
行政管理及生活服务区用地面积	m²	274

2. 功能分区

该加油站主要功能分区情况如专一表 1-3 所示。

专一表1-3 加油站项目1功能分区情况表

功能分区		面积(hm²)	比例(%)
生产设施	加油区(加油罩棚、加油岛)	0.061 6	10.62
	储油区(油罐区、消防设施)	0.011 0	1.90
	小计	0.072 6	12.52
行政办公与生活服务区		0.027 4	4.72
道路(包括停车场、引道)		0.388 5	66.98
绿化用地		0.091 5	15.78
合　计		0.580 0	100.00

（二）合作加油站迁建项目

合作加油站是二级加油站，项目拟建四枪四油品加油机4台，50 m³油罐4具（其中2台用于储存柴油，2台用于储存汽油）。站内设有便利店、办公室、职工宿舍等综合服务设施，配置配变电、给排水、供热等设施，并配套建设符合规范要求的卫生间、道路硬化及消防安全等附属设施。

1. 相关技术指标

该加油站主要技术指标如专一表1-4所示。

专一表1-4 加油站项目2主要技术指标表

指标名称	单位	数量
总用地面积	hm²	0.407 7
加油站等级	—	二级
人员编制	人	11
固定资产投资	万元	662.75
年产值	万元	5 163.51
总建(构)筑物用地面积	m²	1 430
建筑系数	%	35.07
行政管理及生活服务区用地面积	m²	400

2. 功能分区

该加油站主要功能分区情况如专一表1-5所示。

专一表 1-5　加油站项目 2 功能分区情况表

功能分区		面积(hm²)	比例(%)
生产设施	加油区	0.055	13.49
	储油区	0.038	9.32
	小计	0.093	22.81
行政办公与生活服务区		0.04	9.81
绿化用地		0.01	2.45
道路(候车区、安全距离、边坡等)		0.264 7	64.93
合　计		0.407 7	100.00

(三) 陇南市武都区加油站建设项目

陇南市武都区加油站是二级加油站,项目拟建四枪四油品加油机 4 台,40 m³ 油罐 4 具(其中 2 台用于储存柴油,2 台用于储存汽油)。站内设有便利店、办公室、职工宿舍等综合服务设施,配置配变电、给排水、供热等设施,并配套建设符合规范要求的卫生间、道路硬化及消防安全等附属设施。

1. 相关技术指标

该加油站主要技术指标如专一表 1-6 所示。

专一表 1-6　加油站项目 3 主要技术指标表

指标名称	单位	数量
总用地面积	hm²	0.356 5
加油站等级	—	二级
人员编制	人	12
固定资产投资	万元	360
年产值	万元	3 132
总建(构)筑物用地面积	m²	1 008
建筑系数	%	28.27
行政管理及生活服务区用地面积	m³	140

2. 功能分区

该加油站主要功能分区情况如专一表 1-7 所示。

专一表 1-7　加油站项目 3 功能分区情况表

功能分区		面积(hm²)	比例(%)
生产设施	加油区	0.055 0	15.43
	储油区	0.038 0	10.66
	小计	0.093 0	26.09
行政办公与生活服务区		0.014 0	3.93
绿化用地		0.031 2	8.75
道路(候车区、安全距离、边坡等)		0.218 3	61.23
合　计		0.356 5	100.00

四、标准案例确定

1. 项目基本情况

标准案例为二级加油站,项目拟建四枪四油品加油机 4 台,30 m³ 油罐 4 具(其中 2 台用于储存柴油,2 台用于储存汽油)。建设区域为地势平坦区域,不存在特殊地形地貌条件,且项目用地形状规则。

2. 相关技术指标

加油站标准案例主要技术指标如专一表 1-8 所示。

专一表 1-8　加油站标准案例主要技术指标表

指标名称	单　位	数　量
总用地面积	hm²	0.390 0
加油站等级	—	二级
人员编制	人	10
固定资产投资	万元	663
年销售额	万元	5 160
年均利税	万元	240
总建(构)筑物用地面积	m²	1 676
建筑系数	%	43
容积率	—	0.5
行政管理及生活服务区用地面积	m²	532

3. 功能分区

加油站标准案例主要功能分区情况如专一表 1-9 所示。

专一表 1-9　加油站标准案例主要功能分区情况表

功能分区		面积(m²)	比例(%)
生产设施	加油区	908	23
	储油区	236	6
	小计	1 144	29
行政办公与生活服务区		532	14
绿化用地		131	3
道路(候车区、安全距离、边坡等)		2 093	54
合　计		3 900	100

4. 指标调整系数

加油站标准案例指标调整系数如专一表 1-10 所示。

专一表 1-10　加油站标准案例值

序号	指标层	案例值	调整值
1	单位规模耗地	32.5 m²/m³	75 m²/m³
2	建筑系数	43%	—
3	容积率	0.5	—
4	功能分区合理度	0.25	—
5	投资强度	1 700 万元/hm²	—
6	单位用地产出水平	13 230 万元/hm²	11 230 万元/hm²
7	地均吸纳劳动力人数	25 人/hm²	—
8	存量建设用地利用率	40%	—
9	占用耕地比例	100%	—
10	绿地率	3%	10%
11	行政办公及生活服务区比例	14%	18%

第二部分　输变电工程项目

一、项目库情况

甘肃省输变电工程项目库中共有项目 17 个,主要分布在 8 个市(州),其中庆阳市 4 个,白银市、定西市各 3 个,陇南市、张掖市各 2 个,兰州市、金昌市、天水市各 1 个(专一图 2-1)。项目分布的市(州)占全省市(州)总数的 57%,涉及的地形地貌区域有陇南山地、陇中黄土高原、河西走廊,涵盖了甘肃省主要地形地貌大区。

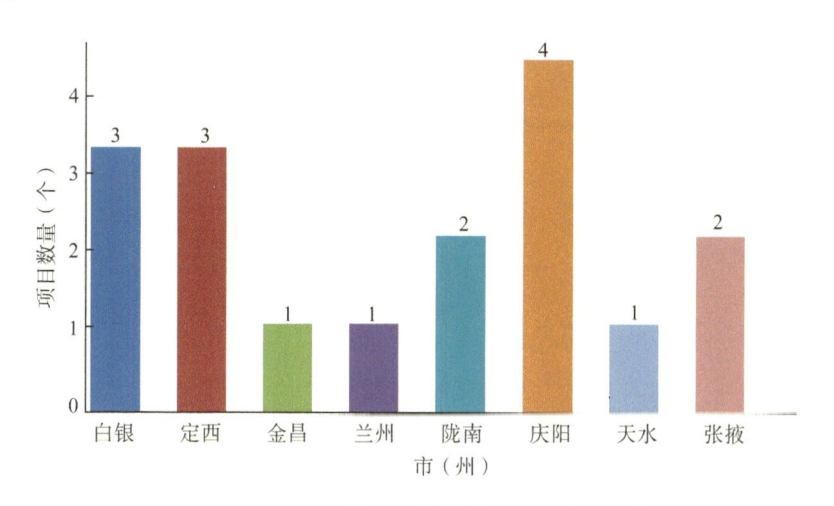

专一图 2-1　输变电工程项目市(州)分布情况

项目库中 17 个输变电工程项目都是 35 kV 变电站,主变容量分布在 2 000~26 300 kVA 之间,主要有 2 000 kVA、7 300 kVA、8 000 kVA、12 600 kVA、16 300 kVA、20 000 kVA、26 300 kVA 七类。其中变电站主变容量为 2 000 kVA 的项目 1 个,7 300 kVA 的项目 1 个,8 000 kVA 的项目 3 个,12 600 kVA 的项目 3 个,16 300 kVA 的项目 1 个,20 000 kVA 的项目 6 个,26 300 kVA 的项目 2 个(专一图 2-2)。主要规模量集中在 20 000 kVA,涉及项目数约占项目总数的 35%。

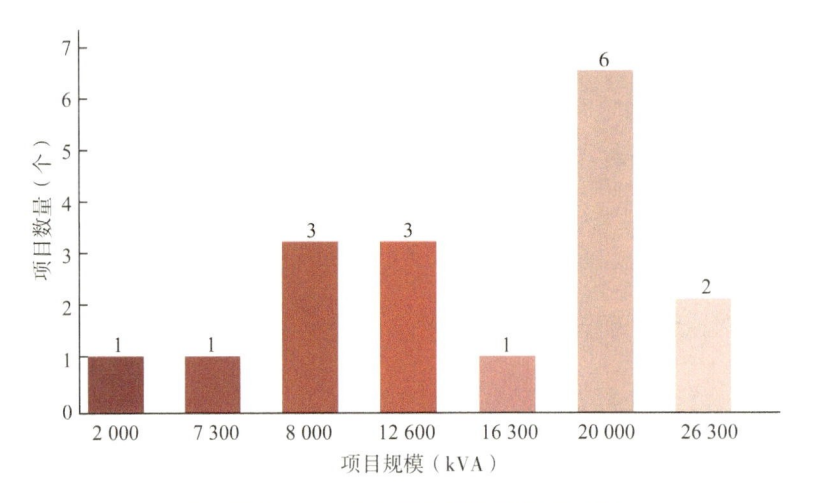

专一图 2-2　输变电工程项目规模分布情况

17 个输变电站项目各自的用地规模分布在 0.145 5～1.367 7 hm² 之间，平均用地规模为 0.469 3 hm²，按照大的用地区段划分，0.1～0.5 hm² 用地项目共计 10 个，0.5～0.8 hm² 用地项目共计 6 个，0.8 hm² 以上用地项目共计 1 个（专一图 2-3）。主要规模量集中在 0.1～0.5 hm² 区段，所涉项目数约占项目总数的 59%。

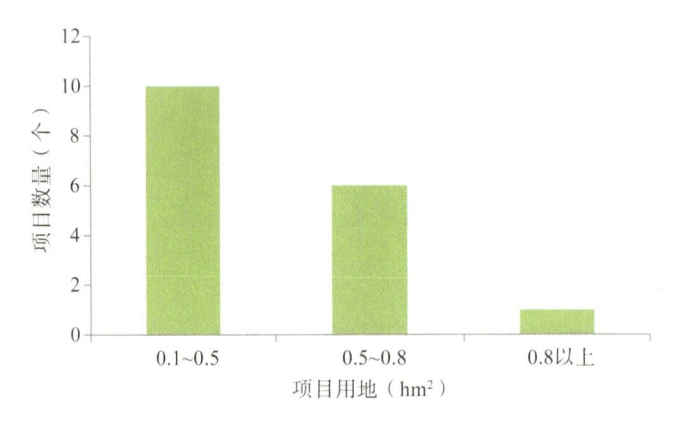

专一图 2-3　输变电工程项目用地分布情况

二、研究案例选取过程

输变电工程研究案例的选取主要遵循以下原则：①项目建设规模具有代表性；②项目地形地貌具有代表性；③剔除合建、情况特殊的建设项目；④项目整体用地节约集约度水平较高。

通过回归剔除异常值,选取具有代表性的研究案例,最终确定研究案例2个,具体项目情况见专一表2-1。

专一表2-1　输变电工程项目研究案例选取情况表

序号	项目名称
1	定西市安定区35 kV输变电工程
2	定西市35 kV输变电工程

三、研究案例基本情况

(一) 定西市安定区35 kV输变电工程

定西市安定区35 kV输变电工程站址地势较平坦。项目新建35 kV变电站1座,主变容量2×4 MVA,35 kV进线间隔2回,10 kV出线4回,10 kV电容器1组。

1. 相关技术指标

该变电站主要技术指标如专一表2-2所示。

专一表2-2　输变电工程项目1主要技术指标表

名称	单位	数量
总用地面积	hm^2	0.229 3
变电站主变容量	kVA	8 000
固定资产投资	万元	1 072
年产值	万元	210
总建(构)筑物用地面积	m^2	1 050
建筑系数	%	71.96

2. 功能分区

该变电站主要功能分区情况如专一表2-3所示。

专一表2-3　输变电工程项目1功能分区情况表

功能分区		面积(hm^2)	比例(%)
生产设施	主变、配电装置、配电室、主控制室	0.165 0	72
	场内道路	0.015 4	7
	安全区域	0.022 9	10
	小计	0.203 3	89

续表

功能分区	面积(hm²)	比例(%)
防护设施及进站道路	0.026 0	11
合　计	0.229 3	100

(二) 定西市 35 kV 输变电工程

定西市 35 kV 输变电工程站址地势较平坦。项目新建 35 kV 变电站 1 座，主变容量 2×4 MVA，35 kV 进线间隔 1 回，10 kV 出线 4 回，10 kV 电容器 2 组。

1. 相关技术指标

该变电站主要技术指标如专一表 2-4 所示。

专一表 2-4　输变电工程项目 2 主要技术指标表

名称	单位	数量
总用地面积	hm²	0.230 0
变电站主变容量	kVA	8 000
固定资产投资	万元	1 500
年产值	万元	235
总建(构)筑物用地面积	m²	950
建筑系数	%	41.30

2. 功能分区

该变电站主要功能分区情况如专一表 2-5 所示。

专一表 2-5　输变电工程项目 2 功能分区情况表

功能分区		面积(hm²)	比例(%)
生产设施	主变、配电装置、配电室、主控制室	0.095 0	41
	场内道路	0.025 0	11
	安全区域	0.024 7	11
	小计	0.144 7	63
防护设施及进站道路		0.085 3	37
合　计		0.230 0	100

四、标准案例确定

1. 项目基本情况

标准案例以定西市安定区 35 kV 输变电工程为基础，为 35 kV 变电站，项目新建35 kV变电站1座,主变容量2×4 MVA,35 kV进线间隔2回,10 kV出线4回,10 kV电容器1组。建设区域为地势平坦区域,不存在特殊地形地貌条件,且项目用地形状规则。

2. 相关技术指标

输变电站工程项目标准案例主要技术指标如专一表2-6所示。

专一表2-6　输变电工程项目标准案例主要技术指标表

名称	单位	数量
总用地面积	hm²	0.229 3
变电站主变容量	kVA	8 000
总投资	万元	1 500
年产值	万元	235
总建(构)筑物用地面积	m²	1 650
建筑系数	%	71.96

3. 功能分区

输变电工程项目标准案例主要功能分区情况如专一表2-7所示。

专一表2-7　输变电工程项目标准案例功能分区情况表

功能分区		面积(hm²)	比例(%)
生产设施	主变、配电装置、配电室、主控制室	0.165 0	72
	场内道路	0.015 4	7
	安全区域	0.022 9	10
	小计	0.203 3	89
防护设施及进站道路		0.026 0	11
合计		0.229 3	100

4. 指标调整系数

输变电工程项目标准案例调整系数如专一表2-8所示。

专一表2-8　输变电工程项目标准案例值

序号	指标层	案例值	调整系数
1	单位规模耗地	0.286 6 m²/kVA	0.8 m²/kVA
2	建筑系数	71.96	—

续表

序号	指标层	案例值	调整系数
3	容积率	—	—
4	功能分区合理度	0.25	—
5	投资强度	3 600 万元/hm^2	—
6	单位用地产出水平	3 700 万元/hm^2	—
7	地均吸纳劳动力人数	9 人/hm^2	—
8	存量建设用地利用率	20%	—
9	占用耕地比例	100%	—
10	绿地率	5%	—
11	行政办公及生活服务区比例	10%	—

第三部分　水电站项目

一、项目库情况

甘肃省水电站项目库中共有项目 15 个,主要分布在 4 个市(州),其中甘南州 7 个,张掖市 4 个,兰州市、武威市各 2 个(专一图 3-1)。项目分布的市(州)占全省市(州)总数的 29%。

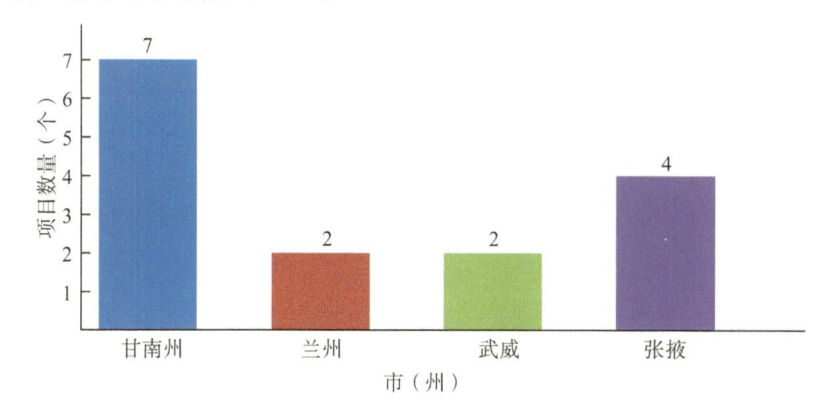

专一图 3-1　水电站项目市(州)分布情况

15 个水电站装机容量分布在 1.96~72 MW 之间,按照装机容量规模大小,将 15 个项目规模划分为 3 个区段,其中装机容量 1~20 MW 的项目共计 9 个,20~40 MW 的项目共计 1 个,40~60 MW 的项目共计 3 个,60 MW 以上的项目共计 2 个(专一图 3-2)。主要规模量集中在 1~20 MW,涉及项目数约占项目总数的 60%。

15 个水电站项目用地规模分布在 0.822 6~81.746 hm^2 之间,平均用地规模为 20.207 3 hm^2,按照大的用地区段划分,0~15 hm^2 用地项目共计 7 个,15~30 hm^2 用地项目共计 4 个,30~45 hm^2 用地项目共计 2 个,45~60 hm^2 用地项目共计 1 个,60 hm^2 以上用地项目共计 1 个(专一图 3-3)。主要规模量集中在 0~15 hm^2 区段,所涉项目数约占项目总数的 47%。

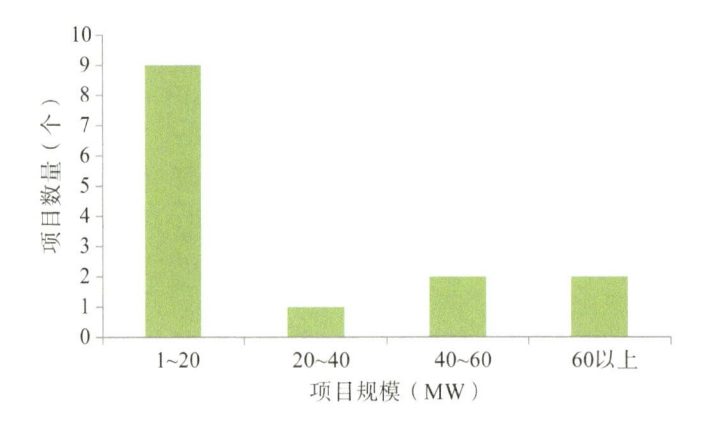

专一图 3-2 水电站项目规模分布情况

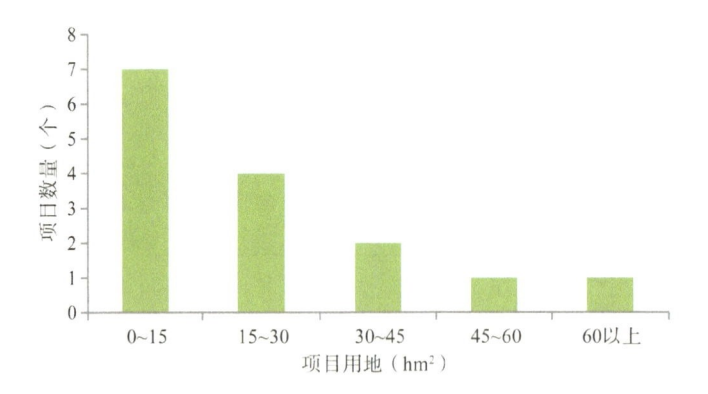

专一图 3-3 水电站项目用地情况

二、研究案例选取过程

水电站项目研究案例的选取主要遵循以下原则：①项目建设规模具有代表性；②项目地形地貌具有代表性；③剔除合建、情况特殊的建设项目；④项目整体用地节约集约度水平较高。

通过回归剔除异常值，选取具有代表性的研究案例，最终确定研究案例2个，具体项目情况见专一表 3-1。

专一表 3-1 水电站项目研究案例选取情况表

序号	项目名称
1	某四级水电站
2	白龙江某水电站项目

三、研究案例基本情况

(一)某四级水电站

某四级水电站工程为引水式水电站工程。项目装机3台(单机2.0 MW),同时利用左岸支流水能资源装机,电站装机容量6 MW,多年平均年发电量2 838万 kW·h。电站工程为Ⅳ等小(2)型工程,主要建筑物以及次要建筑物及临时建筑物级别为5级。电站工程由首部枢纽、输水及发电建筑物组成。首部枢纽由引水渠、进水池、进水口等组成,输水建筑物由长约1.67 km的引水隧洞及压力管道组成。

1. 相关技术指标

该水电站主要技术指标如专一表3-2所示。

专一表3-2　水电站项目1主要技术指标表

名称	单位	数量
总用地面积	hm^2	1.013 0
建(构)筑物用地面积	m^2	5 300
建筑系数	%	52.32
行政办公及生活服务区用地面积	m^2	1 500
行政办公及生活服务区比例	%	14.81
定员职工	人	15

2. 功能分区

该水电站主要功能分区情况如专一表3-3所示。

专一表3-3　水电站项目1功能分区情况表

功能分区		面积(hm^2)	比例(%)
生产设施	厂房(包括主厂房、副厂房、柴油发电机房、变压器、安装间等设施)、压力前池、喷锚支护	0.380 0	38
行政办公与生活服务区	管理房	0.150 0	15
辅助设施(回车场)		0.044 3	4
道路		0.438 7	43
合计		1.013 0	100

(二)白龙江某水电站项目

白龙江某水电站位于甘肃省陇南市宕昌县境内,装机容量 51 MW(单机容量 17 MW×3 台),水库正常蓄水位 1 198.5 m,设计水头 29 m,水电站引水流量 202.5 m³/s,水轮机转轮直径 3.0 m。

1. 相关技术指标

该水电站主要技术指标如专一表 3-4 所示。

专一表 3-4　水电站项目 2 主要技术指标表

名称	单位	数量
总用地面积	hm²	23.910 0
建(构)筑物用地面积	m²	202 321
建筑系数	%	84.62
行政办公及生活服务区用地面积	m²	2 000
行政办公及生活服务区比例	%	0.84
定员职工	人	20

2. 功能分区

该水电站主要功能分区情况如专一表 3-5 所示。

专一表 3-5　水电站项目 2 功能分区情况表[①]

功能分区		面积(hm²)	比例(%)
生产设施	首部枢纽、引水系统、调压系统、发电厂区、尾水渠	5.885 9	25
行政办公与生活服务区	管理房	0.2	1
辅助设施(淹没区)		14.146 2	59
道路		0.874	4
不可建设用地		2.803 9	12
合　计		23.91	100

四、标准案例确定

引水式水电站标准案例以某四级水电站为基础确定,坝式水电站工程标准

---

① 表中比例数据四舍五入,取约数,因修约导致的各项数据总和不为 1 的问题,本书不作处理。后文与此处同。

案例以白龙江某水电站为基础确定,两类项目标准值详见专一表3-6。

专一表3-6 水电站项目标准案例值

序号	指标层	引水式水电站 案例值	引水式水电站 调整值	坝式水电站 案例值	坝式水电站 调整值
1	单位规模耗地	0.2 hm^2/MW	0.6 hm^2/MW	0.5 hm^2/MW	0.9 hm^2/MW
2	建筑系数	52.32	85	12	—
3	容积率	—	—	—	—
4	功能分区合理度	0.25		0.25	
5	投资强度	3 000 万元/hm^2	—	1 300 万元/hm^2	—
6	单位用地产出水平	400 万元/hm^2	—	350 万元/hm^2	—
7	地均吸纳劳动力人数	5 人/hm^2	—	5 人/hm^2	—
8	存量建设用地利用率	10%	—	10%	—
9	占用耕地比例	100%	—	100%	—
10	绿地率	5%	—	5%	—
11	行政办公及生活服务区比例	6%	10%	10%	—

第四部分 保障点项目

一、项目库情况

甘肃省保障点项目库中共有项目 39 个,剔除综合用地项目,重点研究项目 29 个,全部分布在庆阳市。

29 个保障点项目人员保障数分布在 16~360 人之间,按照保障人数的多少,将 29 个项目规模划分为 3 个区段,其中,1~30 人项目共计 13 个,31~60 人项目共计 12 个,60 人以上项目共计 4 个(专一图 4-1)。

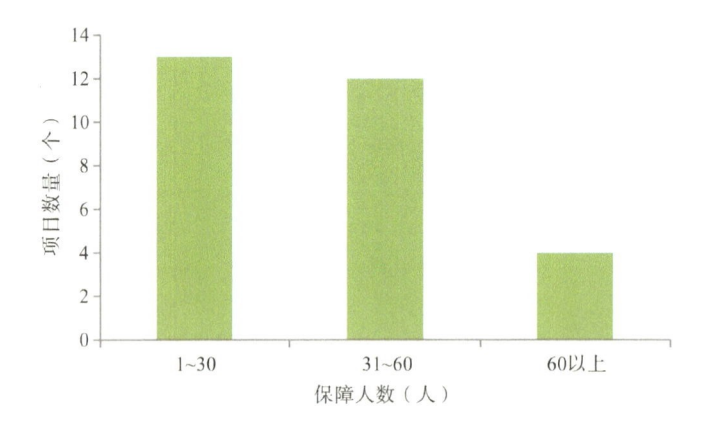

专一图 4-1 保障点项目规模分布情况

29 个保障点项目用地规模分布在 0.085 2~2.020 1 hm² 之间,平均用地规模为 0.517 2 hm²,按照大的用地区段划分,0~0.35 hm² 用地项目共计 14 个,0.35~0.7 hm² 用地项目共计 8 个,0.7 hm² 以上用地项目共计 7 个(专一图 4-2)。主要规模量集中在 0~0.35 hm² 区段,所涉项目数约占项目总数的 48%。

二、研究案例选取过程

保障点研究案例的选取主要遵循以下原则:①项目建设规模具有代表性;②项目地形地貌具有代表性;③剔除合建、情况特殊的建设项目;④项目整体用地节约集约度水平较高。

通过回归剔除异常值,选取具有代表性的研究案例,最终确定研究案例 2 个,具体项目情况见专一表 4-1。

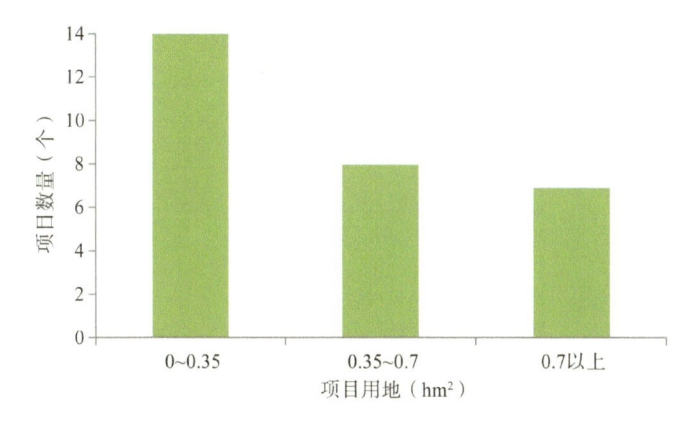

专一图 4-2　项目用地情况

专一表 4-1　保障点研究案例选取情况表

序号	项目名称
1	采油厂镇 40 增保障点
2	采油厂环 26 增保障点

三、研究案例基本情况

（一）采油厂镇 40 增保障点

建设采油厂镇 40 增保障点是为了解决一线生产生活基地建设标准低、配套水平差、设备设施老、破陋损坏多的问题，有效改善一线员工的生产生活条件。该保障点以保障前线干部、职工生产、办公、生活为主，主要服务于镇 188、演 116 两个井区的 13 个井场。保障人数：50 人。

1. 相关技术指标

该工程主要技术指标如专一表 4-2 所示。

专一表 4-2　保障点项目 1 主要技术指标表

名称	单位	数量
总用地面积	hm^2	0.720 0
建（构）筑物用地面积	m^2	3 518
建筑系数	%	48.86
容积率	—	0.57
行政办公及生活服务区用地面积	m^2	2 280

续表

名称	单位	数量
行政办公及生活服务区比例	%	31.67
道路用地面积	m²	2 602
保障人数	人	50

2. 功能分区

该工程主要功能分区情况如专一表 4-3 所示。

专一表 4-3　保障点项目 1 功能分区情况表

功能区		面积(hm²)	比例(%)
生产设施	放空管道堆场、应急物资储备库、维修工房、工具间、消防亭	0.123 8	17
行政与生活服务区	综合楼、宿舍及食堂、供热锅炉房污水处理设施、污水池、供热管道	0.228 0	32
绿地		0.108 0	15
道路(含停车场)		0.260 2	36
总面积		0.720 0	100

(二) 采油厂环 26 增保障点

采油厂环 26 增保障点保障人数为 30 人;保障点投资为 500 万元。

1. 相关技术指标

该工程主要技术指标如专一表 4-4 所示。

专一表 4-4　保障点项目 2 主要技术指标表

名称	单位	数量
总用地面积	hm²	0.300 0
总建(构)筑物用地面积	m²	1 750
建筑系数	%	58.33
行政办公及生活服务区用地面积	m²	1 155
行政办公及生活服务区比例	%	38.5
绿地面积	m²	380
绿地面积占比	%	12.67
保障人数	人	30

2. 功能分区

该工程主要功能分区情况如专一表 4-5 所示。

专一表 4-5　保障点项目 2 功能分区情况表

功能分区		面积(hm²)	比例(%)
生产及辅助配套设施	工具间、维修工房、应急抢险物资储备库、消防亭、消防物资库、采暖锅炉房、水罐、采暖管道、污水处理设备	0.059 5	20
行政办公及生活服务区	食堂和活动室、宿舍及办公楼、健身广场	0.115 5	39
道路(含停车区)		0.087 0	29
绿地		0.038 0	13
合　计		0.300 0	100

保障点标准案例以采油厂镇 40 增保障点、采油厂环 26 增保障点为基础确定，项目标准值详见专一表 4-6。

专一表 4-6　保障点标准案例值

序号	指标层	保障点 案例值	保障点 调整值	备注
1	单位规模耗地	144 m²/人	100 m²/人	
2	建筑系数	60	—	
3	容积率	0.9	—	
4	功能分区合理度	0.25	—	$\alpha = \mathrm{ave}\left(\left\lvert\dfrac{\beta_i - \beta}{\beta}\right\rvert\right)$，$\alpha$ 表示地块规则度，ave 为平均数函数，β_i 为 i 功能单位比例，β 为标准比例
5	投资强度	1 700 万元/hm²	—	
6	存量建设用地利用率	15%	—	
7	占用耕地比例	100%	—	
8	绿地率	15%	—	
9	行政办公及生活服务区比例	40%	—	该功能区与项目类型相匹配

第五部分　采矿项目

一、项目库情况

甘肃省采矿类项目库中共有项目 10 个,其中选矿项目[①]8 个,尾矿处理项目 2 个。主要分布在 5 个市(州),其中陇南市 6 个,天水市、嘉峪关市、武威市、张掖市各 1 个(专一图 5-1)。项目分布的市(州)占全省市(州)总数的 36%,涉及地形地貌区域有陇南山地、陇中黄土高原、河西走廊,涵盖了甘肃省主要矿产分布地形地貌区。

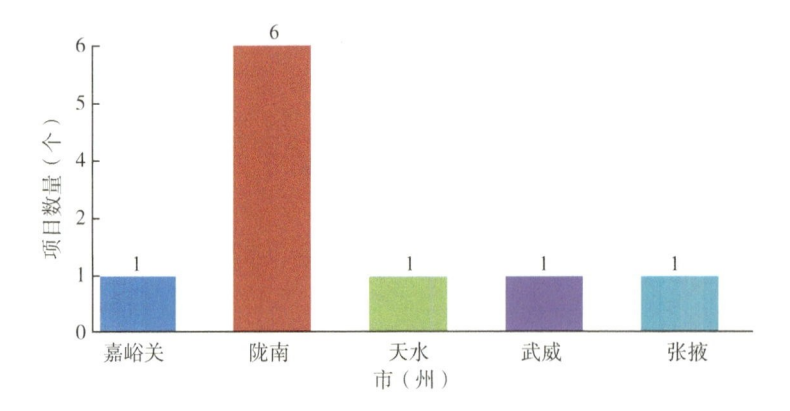

专一图 5-1　采矿项目市(州)分布情况

(一)选矿项目

8 个选矿项目采选规模分布在 9 万～500 万 t/a 之间,按照年采选规模量的大小,将 8 个选矿项目规模划分为 3 个区段,其中 9 万～15 万 t/a 项目共计 6 个,15 万～30 万 t/a 项目共计 1 个,30 万 t/a 以上项目共计 1 个(专一图 5-2)。

8 个选矿项目用地规模分布在 2.979 2～21.49 hm² 之间,平均用地规模为 7.725 3 hm²,按照大的用地区段划分,0～5 hm² 用地项目共计 4 个,5～10 hm² 用地项目共计 2 个,10 hm² 以上用地项目共计 2 个(专一图 5-3)。主要规模量集中在 0～5 hm² 区段,所涉项目数占项目总数的 50%。

---

① 矿山企业开采区用地不计入节地评价范围,国土资厅发〔2015〕16 号。

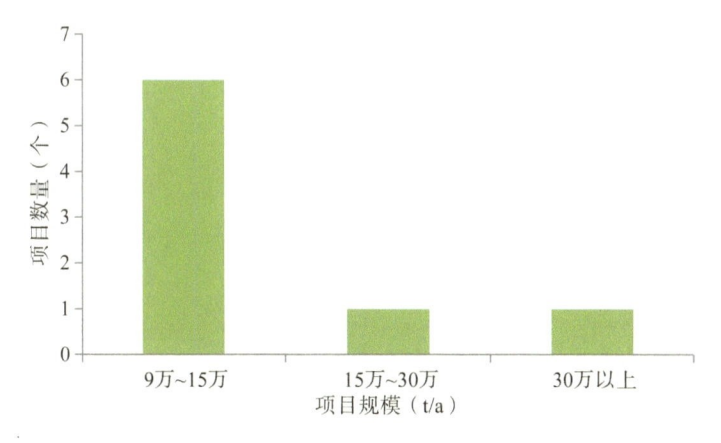

专一图 5-2　选矿项目采选规模分布情况

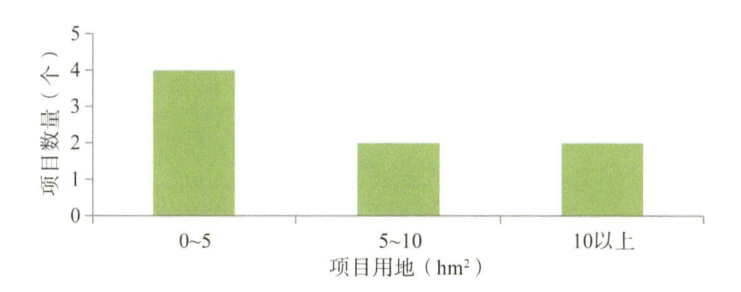

专一图 5-3　选矿项目用地规模分布情况

(二) 尾矿库项目

2 个尾矿库项目总库容分别为 10 万 m^3、64.8 万 m^3，按照尾矿库级别(专一表 5-1)划分，这 2 个项目都为五级尾矿库。

专一表 5-1　尾矿库等级划分

尾矿库级别	全库容 V(万 m^3)	坝高 H(m)
一	二等库具备提高等别条件者	
二	$V \geqslant 10\,000$	$H \geqslant 100$
三	$1\,000 \leqslant V < 10\,000$	$60 \leqslant H < 100$
四	$100 \leqslant V < 1\,000$	$30 \leqslant H < 60$
五	$V < 100$	$H < 30$

2个尾矿库项目用地规模分别是 3.227 4 hm²、13.428 5 hm²,平均用地规模为 8.328 0 hm²。

二、研究案例选取过程

采矿类研究案例的选取主要遵循以下原则:①项目建设规模具有代表性;②项目地形地貌具有代表性;③剔除合建、情况特殊的建设项目;④项目整体用地节约集约度水平较高。

通过回归剔除异常值,选取具有代表性的研究案例,最终确定研究案例 4 个,具体项目情况见专一表 5-2。

专一表 5-2 采矿类研究案例选取情况表

序号	项目名称	备注
1	某银硐梁锑矿采选工程	选矿
2	某硅石、萤石粉选矿厂	选矿
3	某金矿尾矿坝工程	尾矿库
4	某铬渣湿法解毒及填埋场环保项目	尾矿库

三、研究案例基本情况

(一)某银硐梁锑矿采选工程

某银硐梁锑矿采选工程年选矿规模为 9 万 t,该矿伴生矿产为金。年工作日 300 d,每天处理能力 300 t。

1. 相关技术指标

该采选工程主要技术指标如专一表 5-3 所示。

专一表 5-3 采矿类项目 1 主要技术指标表

名称	单位	数量
总用地面积	hm²	3.040 0
建(构)筑物用地面积	m²	15 240
建筑系数	%	50.13
行政办公及生活服务区用地面积	m²	2 360
行政办公及生活服务区比例	%	7.76
道路用地面积	m²	2 400

续表

名称	单位	数量
绿地面积	m²	4 500
定员职工	人	234

2. 功能分区

该工程主要功能分区情况如专一表5-4所示。

专一表5-4　采矿类项目1功能分区情况表

功能分区		面积(hm²)	比例(%)
生产设施	磨浮车间、粉矿仓、筛分车间、破碎车间、原矿仓、原矿堆场、采选厂、精矿浓密机、尾矿浓密机、事故池、精矿仓、过滤车间、精矿堆场	1.162 5	38
辅助配套设施	回车场、化验室、机修车间及备件库、地磅房、选矿配电室、渣场、煤场、锅炉房、厂区回水泵房	0.125 5	4
行政办公与生活服务区	食堂、宿舍、办公楼、生活区配电室、取水泵房、停车场	0.236	8
绿地		0.450 0	15
道路		0.240 0	8
硬化地面		0.826 0	27
合计		3.040 0	100

(二)某硅石、萤石粉选矿厂

某硅石、萤石粉选矿厂是处理硅石、萤石矿石的新建项目,设计选矿厂规模为年产2.8万t硅石、萤石粉,年处理12万t硅石、萤石原矿石。建设年限为20年(2014—2034年)。

1. 相关技术指标

该工程主要技术指标如专一表5-5所示。

专一表5-5　采矿类项目2主要技术指标表

名称	单位	数量
总用地面积	hm²	9.333 3
建(构)筑物用地面积	m²	51 475

续表

名称	单位	数量
建筑系数	%	55.15
行政办公及生活服务区用地面积	m²	1 540
行政办公及生活服务区比例	%	1.65
绿地面积	m²	5 685
定员职工	人	148

2. 功能分区

该工程主要功能分区情况如专一表5-6所示。

专一表5-6 采矿类项目2功能分区情况表

功能分区		面积(hm²)	比例(%)
生产设施	破碎车间、筛分车间、事故沉淀池、尾矿干排车间、污水事故池、精粉车间、磨浮车间、制砖原料堆场、制砖车间、原料堆场、成品堆场	4.915 0	53
辅助配套设施	配电室、监控室、锅炉房、材料库、厂区库房	0.078 5	1
行政办公与生活服务区	办公楼、厂区宿舍、值班室	0.154 0	2
道路(包含停车及回车场)		3.617 3	39
绿地		0.568 5	6
合　计		9.333 3	100

(三)某金矿尾矿坝工程

该金矿每年排出尾矿约58.5万t。项目新建沟谷型尾矿库1座,选矿规模为2 000 t/d,年工作日300 d;尾矿库服务年限为13年;总尾矿量为655.4万t;年均50.4万t。

1. 相关技术指标

该尾矿工程主要技术指标如专一表5-7所示。

专一表5-7 采矿类项目3主要技术指标表

名称	单位	数量
总用地面积	hm²	3.040 0

续表

名称	单位	数量
建(构)筑物用地面积	m²	15 240
建筑系数	%	50.13
行政办公及生活服务区用地面积	m²	2 360
行政办公及生产服务区比例	%	7.76
道路用地面积	m²	2 400
绿地面积	m²	4 500
定员职工	人	234

2. 功能分区

该工程主要功能分区情况如专一表5-8所示。

专一表5-8 采矿类项目3功能分区情况表

功能分区		面积	比例(%)
生产设施	磨浮车间、粉矿仓、筛分车间、破碎车间、原矿仓、原矿堆场、采选厂、精矿浓密机、尾矿浓密机、事故池、精矿仓、过滤车间、精矿堆场	1.162 5	38
辅助配套设施	回车场、化验室、机修车间及备件库、地磅房、选区配电室、渣场、煤场、锅炉房、厂区回水泵房	0.125 5	4
行政办公与生活服务区	食堂、宿舍、办公楼、生活区配电室、取水泵房、停车场	0.236	8
绿地		0.450 0	15
道路用地		0.240 0	8
硬化地面		0.826 0	27
合 计		3.040 0	100

(四)某铬渣湿法解毒及填埋场环保项目

某铬渣湿法解毒及填埋场环保项目新建一条日处理能力为40 t的湿法铬渣(主要含六价铬)解毒生产线,并根据国家相关环保要求新建一座堆放解毒后铬渣的填埋场,对厂区内生产铬盐所产生的铬渣进行无害化处理。该项目修建库容为10×10^4 m³的脱毒铬渣填埋场1座,配备铬渣提升机、料仓、球磨机、浆液缓冲罐、解毒罐等铬渣湿法解毒装置1套。

1. 相关技术指标

该工程主要技术指标如专一表5-9所示。

专一表5-9　采矿类项目4主要技术指标表

名称	单位	数量
总用地面积	hm²	3.227 4
建(构)筑物用地面积	m²	32 047
建筑系数	%	99.3
道路用地面积	m²	227
定员职工	人	5

2. 功能分区

该工程主要功能区划分如专一表5-10所示。

专一表5-10　采矿类项目4功能分区情况表

功能分区		面积(hm²)	比例(%)
生产设施	填埋坑	3.094 5	96
辅助生产设施	排水明渠	0.110 2	3
道路		0.022 7	1
合计		3.227 4	100

四、标准案例确定

选矿工程的标准案例以银硐梁锑矿采选工程及硅石、萤石粉选矿厂为基础确定,尾矿库工程以金矿尾矿坝工程、铬渣湿法解毒及填埋场环保项目为基础确定,两类项目标准值见专一表5-11。

专一表5-11　采矿项目标准案例值

序号	指标层	选矿工程		尾矿库工程	
		案例值	调整值	案例值	调整值
1	单位规模耗地	0.4 hm²/万 t	0.800 hm²/万 t	0.32 hm²/万 m³	0.3 hm²/万 m³
2	建筑系数	55.15	—	90	—
3	容积率	—	—	—	—
4	功能分区合理度	0.25	—	0.25	—

续表

序号	指标层	选矿工程 案例值	选矿工程 调整值	尾矿库工程 案例值	尾矿库工程 调整值
5	投资强度	6 000 万元/hm^2	—	750 万元/hm^2	—
6	单位用地产出水平	3 500 万元/hm^2	—	—	—
7	地均吸纳劳动力人数	55 人/hm^2	—	2 人/hm^2	—
8	存量建设用地利用率	10%	—	10%	—
9	占用耕地比例	100%	—	100%	—
10	绿地率	5%	—	5%	—
11	行政办公及生活服务区比例	7%	—	7%	—

第六部分　工业项目

一、项目库情况

甘肃省工业类项目库中共有项目20个,其中,余热发电项目5个,制造物流项目10个,其他各类发电项目5个。这些项目主要分布在9个市(州),其中,兰州市6个,酒泉市4个,临夏州、庆阳市、武威市各2个,嘉峪关、平凉市、天水市、张掖市各1个(专一图6-1)。项目分布的市(州)占全省市(州)总数的64%,涉及地形地貌区域有陇南山地、陇中黄土高原、河西走廊,涵盖了甘肃省主要地形地貌大区。

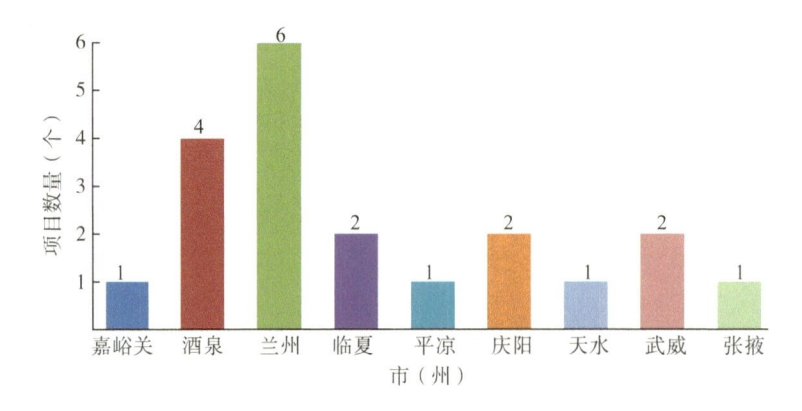

专一图6-1　工业类项目市(州)分布情况

（一）余热发电项目

5个余热发电项目装机容量分布在7.5～25 MW之间,其中,装机容量7.5 MW的项目2个,18 MW的项目2个,25 MW的项目1个。

5个余热发电项目用地规模分布在0.604 1～59.244 6 hm² 之间,平均用地规模为15.259 0 hm²,按照大的用地区段划分,0～5 hm² 用地项目共计3个,5 hm² 以上用地项目共计2个。主要规模量集中在0～5 hm² 区段,涉及项目数约占项目总数的60%。

（二）其他工业类项目

其他工业类项目涉及产业较多,本研究只列举项目实际指标情况,具体项目标准值的选定结合实际案例及《工业项目建设用地控制指标》要求合理确定,其中涉及《国民经济行业分类》(GB/T 4754—2017/XG1—2019)确定的工业项目，在节地评价过程中应严格执行项目投资强度、容积率、建筑系数、办公及生活服务区比例、绿地率五项指标控制。

二、研究案例选取过程

工业类项目研究案例的选取主要遵循以下原则：①项目建设规模具有代表性；②项目地形地貌具有代表性；③剔除合建、情况特殊的建设项目；④项目整体用地节约集约度水平较高。

通过回归剔除异常值，选取具有代表性的研究案例，最终确定研究案例9个，对于案例较少的同类产业项目不进行详细列举，具体项目情况见专一表6-1。

专一表6-1 研究案例选取情况表

序号	项目名称	备注
1	压气站余热发电工程	余热发电
2	石煤提钒带余热发电项目	余热发电
3	钢铁物流园项目	物流
4	大型煤炭综合物流园	物流
5	煤转化循环经济年产70万吨烯烃项目	加工制造
6	1 000万吨/年煤炭分质及煤焦油加氢精制综合利用	加工制造
7	优质铸造(精密铸造)项目	加工制造
8	生活垃圾焚烧发电项目1	其他发电
9	生活垃圾焚烧发电项目2	其他发电

三、研究案例基本情况

（一）压气站余热发电工程

本工程利用燃机压缩机废气发电，在不影响燃机压缩站正常运行的前提下，用废气发电，即使燃机废气余热通过余热锅炉产生过热蒸汽，蒸汽带动汽轮发电机组发电；根据压气站燃机压缩机排放废热量，建设一台中温中压参数余热利用双压锅炉＋1×7.5 MW凝汽式汽轮发电机组。

1. 相关技术指标

该发电工程主要技术指标如专一表6-2所示。

专一表 6-2　工业类项目 1 主要技术指标表

名称	单位	数量
总用地面积	hm^2	0.900 4
装机容量	MW	7.5
固定资产投资	万元	4 980
年产值	万元	1 835
总建(构)筑物用地面积	m^2	2 688
建筑系数	%	29.85

2. 功能分区

该项目主要功能分区情况如专一表 6-3 所示。

专一表 6-3　工业类项目 1 功能分区情况表

功能分区	名称	面积(hm^2)
生产设施用地	锅炉区域、汽机房、高低压配电室、化学水车间、控制室、电子设备室、升压站	0.171 0
辅助配套设施用地	除盐水箱、公用房	0.033 5
行政办公与生活服务区		0.064 3
绿地		0.135 8
道路及其他		0.495 8
合计		0.900 4

(二) 石煤提钒带余热发电项目

石煤提钒带余热发电项目能够充分利用含钒石煤中脱碳的热能产汽发电，主要建设 25 MW 空冷抽汽式汽轮发电机组 1 组，配 65 t/h 余热锅炉 2 台。

1. 相关技术指标

该项目主要技术指标如专一表 6-4 所示。

专一表 6-4　工业类项目 2 主要技术指标表

名称	单位	数量
总用地面积	hm^2	3.758 9
装机容量	MW	25
工程投资	万元	8 421.98

续表

名称	单位	数量
年产值	万元	6 519
总建(构)筑物用地面积	m²	8 703
建筑系数	%	23.15

2. 功能分区

该项目主要功能分区情况如专一表 6-5 所示。

专一表 6-5　工业类项目 2 功能分区情况表

功能分区	名称	面积(hm²)	比例(%)
生产设施用地	锅炉区域、汽机房、空气冷凝器、主冷变频配电室、高低压配电室	0.618 9	16
辅助配套设施用地	输配煤区、送料组件	0.251 4	7
道路及其他		2.888 6	77
合计		3.758 9	100

四、标准案例确定

余热发电标准案例以压气站余热发电工程、石煤提钒带余热发电项目为基础确定。建设区域为地势平坦区域,不存在特殊地形地貌条件,且项目用地形状规则。

专一表 6-6　其他工业项目相关指标值

序号	指标层	压气站余热发电工程 案例值	石煤提钒带余热发电项目 案例值
1	单位规模耗地	0.12 hm²/MW	0.15 hm²/MW
2	建筑系数	30%	30%
3	容积率	0.4	0.4
4	地块规则度	1	1
5	功能分区合理度	0.25	0.25
6	区域地貌条件	无地质影响平原区	无地质影响平原区
7	投资强度	7 500 万元/hm²	2 500 万元/hm²

续表

序号	指标层	压气站余热发电工程 案例值	石煤提钒带余热发电项目 案例值
8	单位用地产出水平	3 000 万元/hm²	2 700 万元/hm²
9	地均吸纳劳动力人数	50 人/hm²	30 人/hm²
10	存量建设用地利用率	10%	10%
11	占用耕地比例	100%	100%
12	绿地率	15%	3%
13	行政办公及生活服务区比例	7%	5%

五、其他工业项目案例

其他工业项目相关指标值详见表 5-6。

其他工业项目容积率控制指标详见专一表 6-7。

专一表 6-7　容积率控制指标

行业大类代码	行业分类名称	容积率
13	农副食品加工业	≥1.0
14	食品制造业	≥1.0
15	酒、饮料和精制茶制造业	≥1.0
16	烟草制品业	≥1.0
17	纺织业	≥0.9
18	纺织服装、服饰业	≥1.1
19	皮革、毛皮、羽毛及其制品和制鞋业	≥1.1
20	木材加工及木、竹、藤、棕、草制品业	≥0.9
21	家具制造业	≥0.9
22	造纸和纸制品业	≥0.8
23	印刷和记录媒介复制业	≥0.9
24	文教、工美、体育和娱乐用品制造业	≥1.1
25	石油、煤炭及其他燃料加工业	≥0.5
26	化学原料及化学制品制造业	≥0.6
27	医药制造业	≥0.8

续表

行业大类代码	行业分类名称	容积率
28	化学纤维制造业	≥0.8
29	橡胶和塑料制品业	≥0.9
30	非金属矿物制品业	≥0.8
31	黑色金属冶炼和压延加工业	≥0.6
32	有色金属冶炼和压延加工业	≥0.6
33	金属制品业	≥0.8
34	通用设备制造业	≥0.8
35	专用设备制造业	≥0.8
36	汽车制造业	≥0.8
37	铁路、船舶、航空航天和其他运输设备制造业	≥0.8
38	电气机械及器材制造业	≥0.8
39	计算机、通信及其他电子设备制造业	≥1.1
40	仪器仪表制造业	≥1.1
41	其他制造业	≥0.8
42	废弃资源综合利用业	≥0.8
43	金属制品、机械和设备修理业	≥0.8

其他工业项目投资强度控制指标详见专一表6-8。

专一表6-8 投资强度控制指标 单位：万元/hm^2

行业大类代码	第一、二、三、四等	第五、六等	第七、八等	第九、十等	第十一、十二等	第十三、十四等	第十五等
13	≥2 670	≥2 028	≥1 880	≥1 696	≥1 204	≥747	≥500
14	≥2 670	≥2 028	≥1 880	≥1 696	≥1 204	≥787	≥500
15	≥2 670	≥2 028	≥1 880	≥1 696	≥1 204	≥747	≥500
16	≥3 400	≥3 070	≥2 846	≥2 459	≥2 101	≥647	≥500
17	≥3 000	≥2 603	≥2 414	≥2 142	≥1 754	≥823	≥500
18	≥3 000	≥2 603	≥2 414	≥2 142	≥1 754	≥702	≥500
19	≥2 670	≥2 028	≥1 880	≥1 696	≥1 204	≥682	≥500

续表

行业大类代码	土地等别						
	第一、二、三、四等	第五、六等	第七、八等	第九、十等	第十一、十二等	第十三、十四等	第十五等
20	≥2 000	≥1 519	≥1 409	≥1 217	≥864	≥632	≥500
21	≥2 670	≥2 028	≥1 880	≥1 696	≥1 204	≥641	≥500
22	≥2 670	≥2 028	≥1 880	≥1 696	≥1 204	≥787	≥500
23	≥3 400	≥3 070	≥2 846	≥2 459	≥2 101	≥858	≥500
24	≥3 000	≥2 603	≥2 414	≥2 142	≥1 754	≥702	≥500
25	≥3 400	≥3 070	≥2 846	≥2 459	≥2 101	≥901	≥500
26	≥3 400	≥3 070	≥2 846	≥2 459	≥2 101	≥819	≥500
27	≥3 885	≥3 581	≥3 541	≥3 357	≥2 872	≥1 300	≥500
28	≥4 435	≥4 187	≥3 984	≥3 635	≥2 950	≥1 296	≥500
29	≥3 000	≥2 603	≥2 414	≥2 142	≥1 754	≥1 250	≥500
30	≥2 000	≥1 519	≥1 409	≥1 217	≥864	≥813	≥500
31	≥3 885	≥3 581	≥3 541	≥3 357	≥2 872	≥1 171	≥500
32	≥3 885	≥3 581	≥3 541	≥3 357	≥2 872	≥942	≥500
33	≥3 400	≥3 070	≥2 846	≥2 459	≥2 101	≥1 080	≥500
34	≥3 885	≥3 581	≥3 541	≥3 357	≥2 872	≥1 129	≥500
35	≥3 885	≥3 581	≥3 541	≥3 357	≥2 872	≥1 234	≥500
36	≥4 435	≥4 187	≥3 984	≥3 635	≥2 950	≥1 234	≥500
37	≥4 435	≥4 187	≥3 984	≥3 635	≥2 950	≥2 046	≥500
38	≥4 435	≥4 187	≥3 984	≥3 635	≥2 950	≥1 607	≥500
39	≥5 590	≥4 585	≥4 251	≥3 673	≥3 540	≥1 415	≥500
40	≥3 885	≥3 581	≥3 541	≥3 357	≥2 872	≥1 870	≥500
41	≥2 670	≥2 028	≥1 880	≥1 696	≥1 204	≥613	≥500
42	≥2 670	≥2 028	≥1 880	≥1 696	≥1 204	≥613	≥500
43	≥2 670	≥2 028	≥1 880	≥1 696	≥1 204	≥613	≥500

注：土地等别按照依据《城镇土地分等定级规程》(GB/T 18507—2014)制定的城镇土地等别执行。

第七部分　公益及其他项目

一、项目库情况

甘肃省公益及其他项目库中共有项目10个,主要涉及学校、水利设施、公共设施。其中:学校项目1个;水利项目涉及供水工程、河道治理等,共4个;公共设施项目涉及监测站、雷达台站等,共5个(专一表7-1)。公益类项目涉及类别多,单个类型实际案例较少,本次通过筛选重点项目,测算项目主要指标值,作为后期同类项目用地评价的参考,不设定具体标准值,后期通过修正进行测算。

专一表7-1　公益及其他项目类型统计表

类型	学校	公共设施	水利
项目个数	1	5	4

二、项目指标情况

选取A中学分校建设项目、A山洪预警监测站、A引水供水工程、B供水工程、A防洪治理工程、A台站工程5个实际建设项目对各类型项目指标值进行测算,具体详见表5-7。

附表

附表1 标准案例相关指标值参考表（一）

序号	指标层	加油站	输变电工程	采矿类（选矿）	采矿类（尾矿）	水电站（引水式）	水电站（坝式）	工业（余热发电）	保障点
1	单位规模耗地	75 m²/m³	0.8 m²/kVA	0.8×10⁻⁴ hm²/t	0.3×10⁻⁴ hm²/m³	0.6 hm²/MW	0.9 hm²/MW	0.12 hm²/MW	100 m²/人
2	建筑系数(%)	43	71.96	55.15	90	85	12	30	60
3	容积率	0.5	0.75	0.6	0.92	0.9	0.2	0.4	0.9
4	功能分区合理度	0.25	0.25	0.25	0.25	0.25	0.25	0.25	0.25
5	投资强度（万元/hm²）	1 700	3 600	6 000	750	3 000	1 300	7 500	1 700
6	单位用地产出（万元/hm²）	11 230	3 700	3 500	—	400	350	3 000	—
7	地均吸纳劳动力人数（人/hm²）	25	9	55	2	5	5	50	—
8	存量建设用地利用率(%)	40	20	10	10	10	10	10	15
9	占用耕地比例(%)	100	100	100	100	100	100	100	100
10	绿地率(%)	10	5	5	5	5	5	15	15
11	行政办公及生活服务区比例(%)	18	10	7	7	10	10	7	40

附表2　主要项目功能区标准比重参考值

类型	生产设施比例(%)	行政办公与生活服务区比例(%)	绿化用地比例(%)	道路用地比例(%)	其他比例(%)
加油站	29	14	3	54	—
输变电工程	79	10	—	11	—
采矿类(选矿)	42	8	15	8	27
采矿类(尾矿)	96	3	—	1	—
水电站(引水式)	38	15	—	43	4
水电站(坝式)	25	1	—	4	70
工业(余热发电)	23	7	15	10	45
保障点	20	39	13	29	—

专题二

建设项目土地节约集约利用评价指标权重及标准值确定研究

土地节约集约利用是生态文明建设的根本之策,是新型城镇化的战略选择。如何提高土地节约集约利用水平,实现土地资源的高效配置,对于土地资源的可持续利用具有重大意义。目前,国内土地节约集约利用研究主要集中在城市土地利用评价方面。如何芳等(2001)从产出效益的角度,定义了何为"土地集约利用";谢正峰(2002)考虑到土地利用的经济、社会和生态综合效益;肖梦(1992)认为可以多维地利用城市土地立体空间,并使城市土地一地多用;陶志红(2000)则建议以合理布局、优化用地结构和可持续发展的思想为依据,通过增加存量土地投入、改善经营管理等途径,不断提高土地的使用效率和经济效益。也有学者从项目的角度对土地节约集约利用进行了研究,如李如鹤(2012)提出了工业项目土地集约利用的对策,黄露露(2013)提出了产业用地节约集约利用评价标准。但从整体来看,目前针对具体项目建设用地节约集约利用评价的研究相对较少,评价指标体系不够全面。

鉴于此,本课题通过甘肃省建设项目实际案例,从项目用地规模、用地强度、用地结构、用地效益4个评价层面选取指标,构建评价指标体系,测算建设项目土地节约集约利用情况。对于评价指标体系构建中指标权重具体测算过程、不同类型建设项目指标标准值确定的过程,本专题展开了专门研究。

一、课题研究概况

(一)评价方法概述

建设项目土地节约集约利用的具体内涵包括用地规模最优、用地强度与经济发展相协调、用地结构合理、用地效益突出4个层面,采用多因素综合评价法,可以全面反映建设项目土地节约集约利用情况。评价步骤依次为:

(1) 评价指标选取;

(2) 指标权重确定;

(3) 指标标准值确定;

(4) 指标值标准化测算;

(5) 综合评价分值测算。

本专题主要针对(3)、(4)部分展开研究。

(二)研究区域概况

研究区概况在正文第四章已有详细介绍,此处不再赘述。

(三)评价项目类型划分

通过对甘肃省2013—2015年土地节约集约利用评价项目进行初步筛选分

析,本研究得出以下结论:在开展节地评价的建设项目中,用地规模较大、建设频率较高的项目共 238 个,涉及 6 个类别。其中:加油站项目 21 个,涉及 8 个市(州);保障点项目 39 个,涉及 1 个市;光伏项目 106 个,涉及 4 个市(州);输变电工程项目 17 个,涉及 8 个市(州);水电站项目 15 个,涉及 4 个市(州);采矿项目 10 个,涉及 7 个市(州);工业类项目 20 个,涉及 9 个市(州);供水及防洪工程 4 个,涉及 4 个市(州);公益基础其他类项目 6 个,涉及 4 个市(州)。参照国民经济行业分类、实际建设项目案例、土地利用现状划分等因素,本研究对建设项目节约集约利用评价进行主要类型划分,如表 4-2 所示。

(四) 主要项目用地特点分析

按照地形地貌差异及区域土地资源的稀缺程度,可将研究区域划分为Ⅰ类地区、Ⅱ类地区、Ⅲ类地区 3 个类型区,建设项目用地在区域间存在明显的差异。对于同区域建设项目的用地规模变化情况,以下选取 3 类典型项目进行分析。

1. 光伏项目

对光伏项目用地规模与项目规模量的关系进行拟合回归分析,详见专二表 1 至专二表 3。

回归方程的相关系数(专二表 1)为 0.972,回归方程的拟合度非常高。

专二表 1　光伏项目模型汇总表

R	R^2	调整后 R^2	估计值的标准误
0.986	0.972	0.972	11.296

注:自变量为总装机容量(MW)。

方差分析表(专二表 2)中自变量的 Sig. 值小于 0.05,回归方程系数显著(专二表 3)。

专二表 2　方差分析表

	平方和	df	均方	F	Sig.
回归	392 126.682	1	392 126.682	3 073.310	0.000
残差	11 100.417	87	127.591	—	—
总计	403 227.100	88	—	—	—

注:自变量为总装机容量(MW)。

专二表3　方程系数表

	未标准化系数		标准化系数		
	B	标准误	Beta	t	Sig.
x	2.302	0.042	0.986	55.437	0.000
(常数)	8.642	2.280	—	3.790	0.000

注：x 表示总装机容量(MW)。

回归方程为：$y=8.642+2.302x$，回归方程的拟合度较高，满足 F 检验(专二图1)。

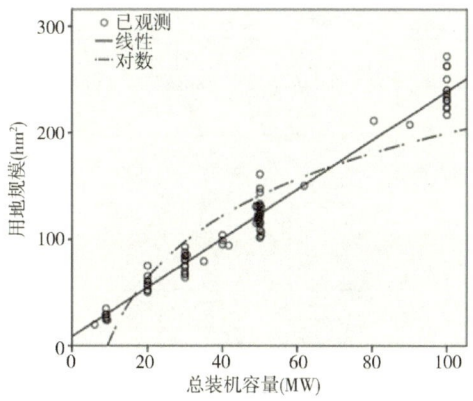

专二图1　光伏项目用地规模与总装机容量关系拟合图

2. 保障点项目

采用对数曲线回归方法，对保障点项目用地规模与保障人数的关系进行拟合回归分析，详见专二表4至专二表6。

回归方程的相关系数(专二表4)为0.899，回归方程的拟合度非常高。

专二表4　保障点项目模型汇总表

R	R^2	调整后 R^2	估计值的标准误
0.948	0.899	0.893	0.158

注：自变量为保障人数(人)。

方差分析表(专二表5)中自变量的 Sig. 值小于0.05，回归方程系数显著(专二表6)。

专二表5　方差分析表

	平方和	df	均方	F	Sig.
回归	3.960	1	3.960	159.336	0.000

续表

	平方和	df	均方	F	Sig.
残差	0.447	18	0.025		
总计	4.407	19			

注：自变量为保障人数（人）。

专二表6　回归系数表

	未标准化系数		标准化系数		
	B	标准误	Beta	t	Sig.
ln$x$	0.622	0.049	0.948	12.623	0.000
（常数）	−1.741	0.189		−9.195	0.000

注：x 表示保障人数（人）。

回归方程为：$y=-1.741+0.622\ln x$，回归方程的拟合度较高，满足 F 检验（专二图2）。

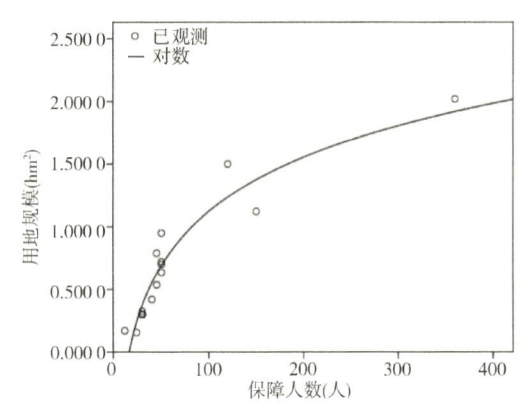

专二图2　保障点用地规模与保障人数关系拟合图

3. 输变电工程项目

采用对数曲线回归方法，对输变电工程项目用地规模与装机容量的关系进行拟合回归分析，详见专二表7至专二表9。

回归方程的相关系数（专二表7）为0.927，回归方程的拟合度非常高。

专二表7　输变电工程项目模型汇总

R	R^2	调整后 R^2	估计值的标准误
0.784	0.615	0.583	0.156

注：自变量为装机容量（kVA）。

方差分析表(专二表8)中自变量的 Sig. 值为 0.000,小于 0.05,回归方程系数显著(专二表9)。

专二表8　方差分析表

	平方和	df	均方	F	Sig.
回归	0.469	1	0.469	19.201	0.001
残差	0.293	12	0.024		
总计	0.762	13			

注:自变量为装机容量(kVA)。

专二表9　回归方程系数表

	未标准化系数		标准化系数		
	B	标准误	Beta	t	Sig.
$\ln x$	0.274	0.063	0.784	4.382	0.001
(常数)	−0.266	0.162		−1.640	0.127

注:x 表示装机容量(kVA)

回归方程为:$y=-0.266+0.274\ln x$,回归方程的拟合度较高,满足 F 检验(专二图3)。

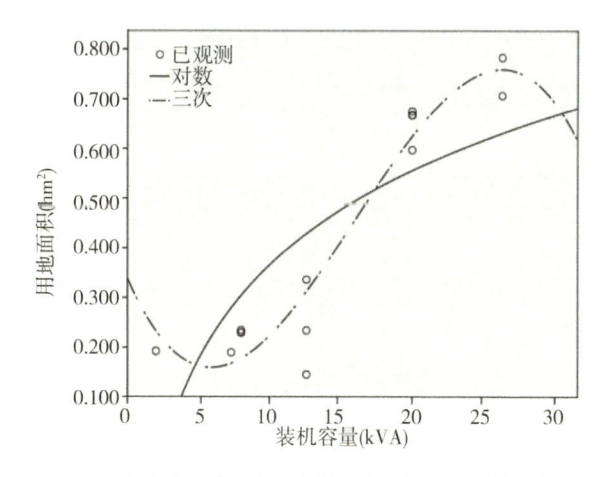

专二图3　输变电工程项目用地规模与装机容量关系拟合图

分析可知,项目的用地规模与选取的建设规模存在明显的相关性,项目用地随着建设规模的变化而变化,总体来看建设项目用地规模存在最佳的投入值,符合单位规模报酬递减规律。

二、节地评价内涵及指标情况

（一）节地评价

建设项目土地节约集约利用评价是以建设项目用地规模控制为基础,以土地节约集约利用为指导,综合考虑用地结构、用地强度、用地效益的建设项目土地利用专项评价。本研究将建设项目土地节约集约利用的具体内涵定义为用地规模最优、用地强度与经济发展相协调、用地结构合理、用地效益突出4个方面。

（二）评价指标选取

结合已有学者对于指标体系构建的研究,通过逐步筛选,共确定11个具体评价指标,其中用地规模评价层选取1个评价指标,用地强度评价层选取3个评价指标,用地结构评价层选取5个评价指标,用地效益评价层选取2个评价指标,详见表5-1。

三、指标权重确定

（一）专家咨询法

邀请行业专家,对评价指标体系权重进行打分,专家咨询法确定的指标权重如专二表10所示。

专二表10 评价指标权重(专家咨询)

目标层	指标层	权重(%)
用地规模	单位规模耗地	11.87
用地强度	投资强度	11.16
	建筑系数	10.28
	容积率	10.28
用地结构	功能分区合理度	8.97
	占用耕地比例	8.55
	存量建设用地利用率	8.47
	绿地率	5.32
	行政办公及生活服务区比例	4.62
用地效益	单位用地产出水平/社会效益度	11.86
	地均吸纳劳动力人数	8.63

（二）成对因素比较法

根据行业特点进行指标权重的确定,再通过多因素对比分析,将各类指标间的对比关系划分为极其重要、非常重要、比较重要、一般重要、相同重要5类,依次确定各指标权重大小(专二表11)。

专二表11　因素对比取分表

类别	极其重要	非常重要	比较重要	一般重要	相同重要
取值	(9-1)	(8-2)	(7-3)	(6-4)	(5-5)

通过引入虚拟对比因素,对11个指标进行对比并确定指标权重,其中用地规模目标层权重为18.42%,用地强度目标层权重为29.84%,用地结构目标层权重为29.64%,用地效益目标层权重为22.10%(专二表12)。

专二表12　指标权重表(成对因素比较法)

目标层	指标层	权重(%)
用地规模(18.42%)	单位规模耗地	18.42
用地强度(29.84%)	投资强度	11.05
	建筑系数	9.58
	容积率	9.21
用地结构(29.64%)	功能分区合理度	6.54
	占用耕地比例	7.46
	存量建设用地利用率	5.52
	绿地率	5.06
	行政办公及生活服务区比例	5.06
用地效益(22.10%)	单位用地产出水平/社会效益度	12.34
	地均吸纳劳动力人数	9.76

（三）层次分析法

层次分析法(AHP)是目前较为常见的定性与定量相结合的层次化分析方法,由美国运筹学专家托马斯·L.萨蒂(Thomas L. Saaty)提出。其步骤为:先建立层次结构模型,然后构建成对比较矩阵(判断矩阵),再根据判断矩阵计算特征向量,最后对结果进行一致性检验。

在确定建设项目节约集约利用评价指标权重时,分别构建准则层(节约度、集约度、政策落实度)、指标层(11个具体指标)判断矩阵,进行权重测算,并作一致性检验。

准则层判断矩阵及对总目标的权重如专二表 13 所示。

专二表 13　准则层判断矩阵

决策目标	用地规模	用地强度	用地结构	用地效益	W_i
用地规模	1	1	2	1	0.289 3
用地强度	1	1	1	1	0.246 3
用地结构	0.5	1	1	0.5	0.175
用地效益	1	1	2	1	0.289 4

测算比较矩阵的随机一致性比例 CR，检验判断的一致性。

$$CR = CI/RI$$
$$CI = (\lambda_{\max} - n)/(n - 1)$$

其中，CR 为一致性比例；CI 为一致性指标；$\lambda_{\max}$ 为比较矩阵最大特征值；n 为矩阵阶数；RI 为平均随机一致性指标，从专二表 14 中取值。

专二表 14　RI 取值表

N	1	2	3	4	5	6	7	8	9
RI	0	0	0.58	0.90	1.12	1.24	1.32	1.41	1.45

准则层的最大特征值 $\lambda_{\max}$ 为 4.060 6，CR 为 0.022 7。CR<0.1，表明其不一致程度可以接受。

用地规模指标层共涉及 1 个具体指标，即单位规模耗地，判断一致性唯一。

用地强度指标层判断矩阵及对准则层的权重如专二表 15 所示。

专二表 15　用地强度指标层判断矩阵

用地强度	容积率	投资强度	建筑系数	W_i
容积率	1	0.333 3	0.333 3	0.139 6
投资强度	3	1	2	0.527 8
建筑系数	3	0.5	1	0.332 5

指标层的最大特征值 $\lambda_{\max}$ 为 3.053 6，CR 为 0.051 6。CR<0.1，表明其不一致程度可以接受。

用地结构指标层判断矩阵及对准则层的权重如专二表 16 所示。

专二表 16　用地结构指标层判断矩阵

用地结构	占用耕地比例	存量建设用地利用率	绿地率	行政办公及生活服务区比例	功能分区合理度	W_i
占用耕地比例	1	2	2	2	0.5	0.254 2
存量建设用地利用率	0.5	1	2	2	1	0.215 8
绿地率	0.5	0.5	1	1	0.5	0.120 2
行政办公及生活服务区比例	0.5	0.5	1	1	0.5	0.120 2
功能分区合理度	2	1	2	2	1	0.289 7

指标层的最大特征值 λ_{max} 为 5.159 6,CR 为 0.035 6。CR<0.1,表明其不一致程度可以接受。

用地效益度指标层判断矩阵及对准则层权重如专二表 17 所示。

专二表 17　用地效益指标层判断矩阵

用地效益	单位用地产出水平/社会效益度	地均吸纳劳动力人数	W_i
单位用地产出水平/社会效益度	1	2	0.666 7
地均吸纳劳动力人数	0.5	1	0.333 3

指标层的最大特征值 λ_{max} 为 2.000,CR 为 0.000 1。CR<0.1,表明其不一致程度可以接受。

通过测算确定指标权重。其中用地规模目标层权重为 28.93%,用地强度目标层权重为 24.63%,用地结构目标层权重为 17.50%,用地效益目标层权重为 28.94%。各指标对总目标的权重详见专二表 18。

专二表 18　指标权重表(层次分析法)

目标层	指标层	权重
用地规模(28.93%)	单位规模耗地	28.93%
用地强度(24.63%)	投资强度	13.00%
	建筑系数	8.19%
	容积率	3.44%

续表

目标层	指标层	权重
用地结构(17.50%)	功能分区合理度	5.07%
	占用耕地比例	4.45%
	存量建设用地利用率	3.78%
	绿地率	2.10%
	行政办公及生活服务区比例	2.10%
用地效益(28.94%)	单位用地产出水平/社会效益度	19.29%
	地均吸纳劳动力人数	9.65%

（四）指标权重

结合专家咨询法、成对因素比较法、层次分析法等确定指标权重结果，综合比较加权后，评价指标的权重结果见表5-2。

当评价指标体系中不选取部分指标时，该非必选指标的权重按照所选指标权重进行加权分解到各指标。各指标权重为参考值，允许在小范围内浮动调整。

四、指标值标准化方法

在多指标综合评价中，各指标都存在两个值：一个是指标的实际值；另外一个是指标的评价值。由于各指标所代表的物理含义各不相同，因此指标之间存在着量纲上的差异，这种量纲差异性是影响对事物整体进行评价的主要因素。指标标准化是通过数学变换来消除原始指标值的量纲差异，将不同指标转化为能够进行相互比较的相对数，从而实现多指标评价。

（一）常用标准化方法

1. Z-Score法

Z-Score法是用每一变量值与其平均值之差除以该变量的标准差的方法。无量纲化后变量的平均值为0，标准差为1，从而消除量纲和数量级的影响。

2. 均值法

均值法是用每一变量值除以该变量的平均值。标准化后各变量的平均值都为1。标准差为原始变量的变异系数。该方法在消除量纲和数量级影响的同时，保留了各变量取值差异程度上的信息，差异程度越大的变量对综合分析的影响也越大。

3. 极值化方法

包括极大化法、极小化法、极差法。极大化法是用每一变量除以该变量取值的最大值。标准化后各变量的最大取值为1。极小化法是用每一变量除以该变量取值的最小值。标准化后各变量的最小取值为1。极差法是用每一变量与变量最小值之差除以该变量最大值与最小值之差。标准化后各变量的取值范围为0~1。极值化方法过于依赖两个极端值。

常用标准化方法详见专二表19。

专二表19　常用标准化方法

标准化方法	公式形式	备注
Z—Score法	$y = \dfrac{x - \bar{x}}{s}$	$\bar{x}$ 为指标的均值，s 为样本方差
极差法	$y = \dfrac{x - x_{\min}}{x_{\min} - x_{\max}}$	$x_{\min}$ 为指标的最小值，$x_{\max}$ 为指标的最大值
极小化法	$y = \dfrac{x}{x_{\min}}$	$x_{\min}$ 为指标的最小值
极大化法	$y = \dfrac{x}{x_{\max}}$	$x_{\max}$ 为指标的最大值
均值法	$y = \dfrac{x}{\bar{x}}$	$\bar{x}$ 为指标的均值

（二）各指标标准化方法

评价选取的指标分为正相关指标、负相关指标、阈值指标、定性指标，正相关指标值越大，反映建设项目用地的集约利用程度越高。负相关指标值越大，反映建设项目用地的集约利用程度越低。阈值指标在一定的取值范围内，现状值远离标准值越大，反映项目用地节约集约利用度越低。定性指标按照现状值的分档赋予对应评价分值。

各种指标标准化方法具体见本书5.5节。

建设项目土地节约集约利用评价指标标准值类型详见专二表20。

专二表20　各指标标准值类型

序号	指标层	加油站	输变电工程	采矿类	水电站	工业	保障点	公益类项目
1	单位规模耗地	负向最差	负向最差	负向最差	负向最差	负向最差	负向最差	负向最差
2	建筑系数	正向最优	正向最优	正向最优	正向最优	正向最优	正向最优	正向最优
3	容积率	正向最优	正向最优	正向最优	正向最优	正向最优	正向最优	正向最优
4	功能分区合理度	阈值	阈值	阈值	阈值	阈值	阈值	阈值
5	投资强度	正向最优	正向最优	正向最优	正向最优	正向最优	正向最优	正向最优
6	单位用地产出水平	正向最优	正向最优	正向最优	正向最优	正向最优	正向最优	正向最优

续表

序号	指标层	加油站	输变电工程	采矿类	水电站	工业	保障点	公益类项目
7	社会效益度	定性值	定性值	定性值	定性值	定性值	定性值	定性值
8	地均吸纳劳动力人数	正向最优	正向最优	正向最优	正向最优	正向最优	—	正向最优
9	存量建设用地利用率	正向最优	正向最优	正向最优	正向最优	正向最优	正向最优	正向最优
10	占用耕地比例	负向最差	负向最差	负向最差	负向最差	负向最差	负向最差	负向最差
11	绿地率	负向最差	负向最差	负向最差	负向最差	负向最差	阈值	阈值
12	行政办公及生活服务区比例	负向最差	负向最差	负向最差	负向最差	负向最差	正向最优	阈值

五、指标标准值确定

指标的标准值又称理想值或合理值。确定指标标准值主要是为了对指标的现状值进行标准化,以便于对不同指标进行同一层次的综合分析。

（一）标准值确定的方法

（1）标准案例取值法。以各类型建设项目确定的标准案例的现状值作为评价指标的标准值。

（2）3δ法则取值法。在统计分析中,若变量 $x \sim N(\mu, \delta^2)$ 分布,则有：

$$P\{|x-\mu|<2\delta\}=2\varphi(2)-1=0.9545$$

$$P\{|x-\mu|<3\delta\}=2\varphi(3)-1=0.9973$$

正态变量 x 的取值落在 $(\mu-3\delta, \mu+3\delta)$ 之外的概率小于0.003,一般认为这一事件为小概率事件,因此把区间 $(\mu-3\delta, \mu+3\delta)$ 看作随机变量 x 的实际可能取值区间,这就是3δ法则。在案例较多且案例评价指标现状值呈现正态分布时,对于评价指标的标准值我们按照3δ法则相应调整置信区间的范围,从而确定在一定置信区间下,评价指标的最大或最小标准值。

（3）政策规范取值法。部分评价指标在国家或地方的法律规范中具有强制性执行标准,该类指标在选取标准值时采用政策规范确定的控制值。

（二）方法选择

在本研究中，评价指标的标准值是由两种以上方法共同确定的，以其中一种取值方法为主，其余方法为辅。取值的主要方法是按照研究案例的数量、评价指标自身特点等因素选取不同的标准值确定方法。各类型项目具体评价指标的标准值确定方法见表5-3。

对于研究案例较多的天然气类、电力类项目，可以根据情况采用前述三种方法中任意一种作为主要方法，对于研究案例较少的采矿类、工业类、水利类、公益基础其他类项目，则以标准案例取值法和政策法规取值法为主。

（三）加油站项目指标标准值

1. 3δ法则取值法确定标准值

以3δ法则取值法为主确定标准值的评价指标有：单位规模耗地、投资强度、单位用地产出水平、地均吸纳劳动力人数，通过对Ⅰ类地区加油站项目相关指标现状值分布情况进行分析，得出相应指标的均值、标准差，如专二表21所示。

专二表21　加油站项目标准值（一）

指标	均值	标准差	标准值	备注
单位规模耗地	43.09	22.929	89	2δ
投资强度	1 415.72	734.894	2 151	0.5δ
单位用地产出水平	7 825.95	4 099.854	11 926	δ
地均吸纳劳动力人数	21.50	13.053	28	0.5δ

各指标现状值频率分布情况如专二图4所示。

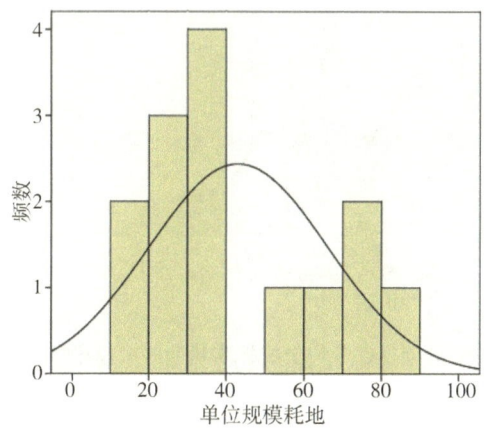

均值=43.09
标准差=22.929
N=14

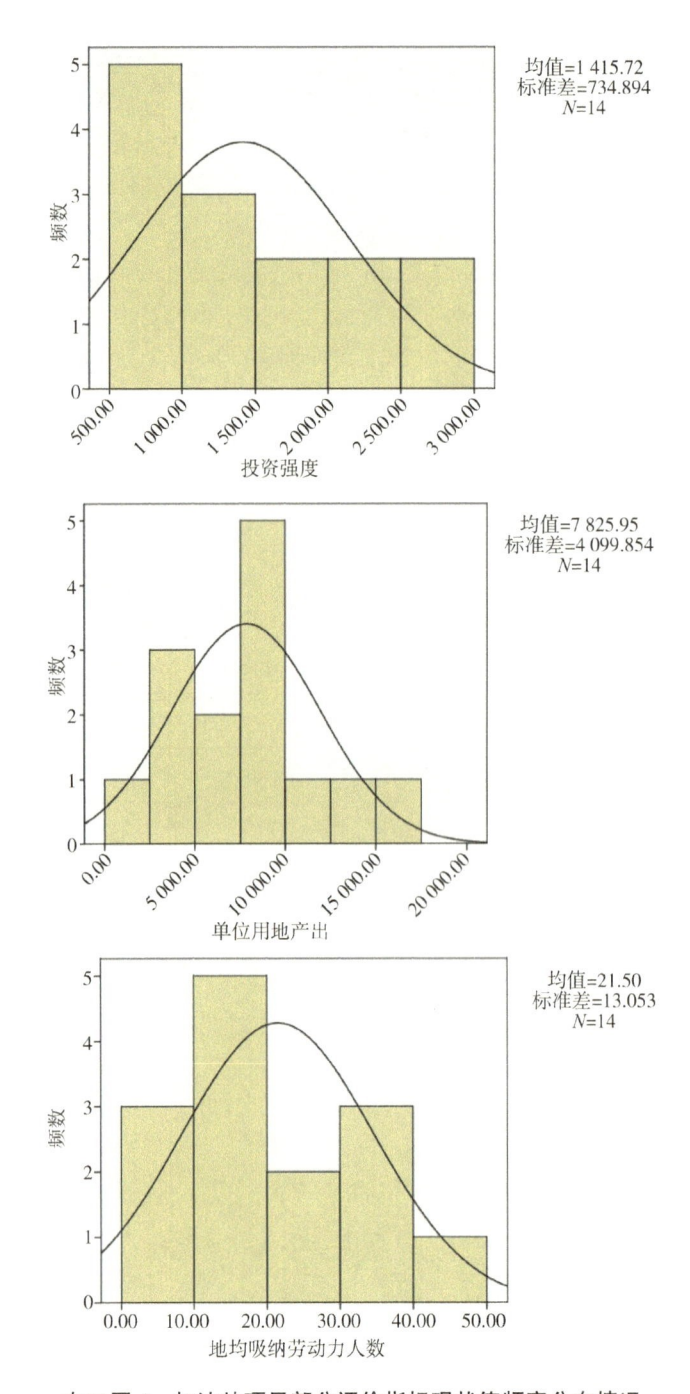

专二图 4　加油站项目部分评价指标现状值频率分布情况

2. 标准案例法确定标准值

以标准案例法为主确定标准值的评价指标有：存量建设用地利用率、功能分区合理度、占用耕地比例。根据《建设项目土地节约集约利用评价标准案例研究》专题第一部分成果，各指标标准值如专二表22所示。

专二表22　加油站项目标准值（二）

指标	标准案例值	标准值	备注
存量建设用地利用率	40%	40%	以3δ法则取值法为辅
功能分区合理度	0.25	0.25	—
占用耕地比例	100%	100%	—

3. 政策规范取值法确定标准值

以政策规范取值法为主确定标准值的评价指标有：建筑系数、容积率、绿化率、行政办公及生活服务区比例。参照《工业建设用地控制标准》等相关内容及具体项目实际情况，各指标标准值如专二表23所示。

专二表23　加油站项目标准值（三）

指标	标准值	备注
建筑系数	43%	以标准案例取值法为辅
容积率	0.5	以标准案例取值法为辅
绿地率	10%	以标准案例取值法为辅
行政办公及生活服务区比例	18%	以标准案例取值法为辅

（四）输变电工程项目指标标准值

1. 3δ法则取值法确定标准值

以3δ法则取值法为主确定标准值的评价指标有：单位规模耗地、投资强度、单位用地产出水平、地均吸纳劳动力人数，通过对Ⅰ类地区输变电工程项目相关指标现状值分布情况进行分析，得出相应指标的均值、标准差如专二表24所示。

专二表24　输变电项目标准值（一）

指标	均值	标准差	标准值	备注
单位规模耗地	0.466 3	0.300	0.915 7	1.5δ
投资强度	1 915.36	922.569	2 837	δ
单位用地产出水平	4 090.47	3 725.87	4 090	—
地均吸纳劳动力人数	3.98	4.998	9	δ

各指标现状值频率分布情况见专二图5。

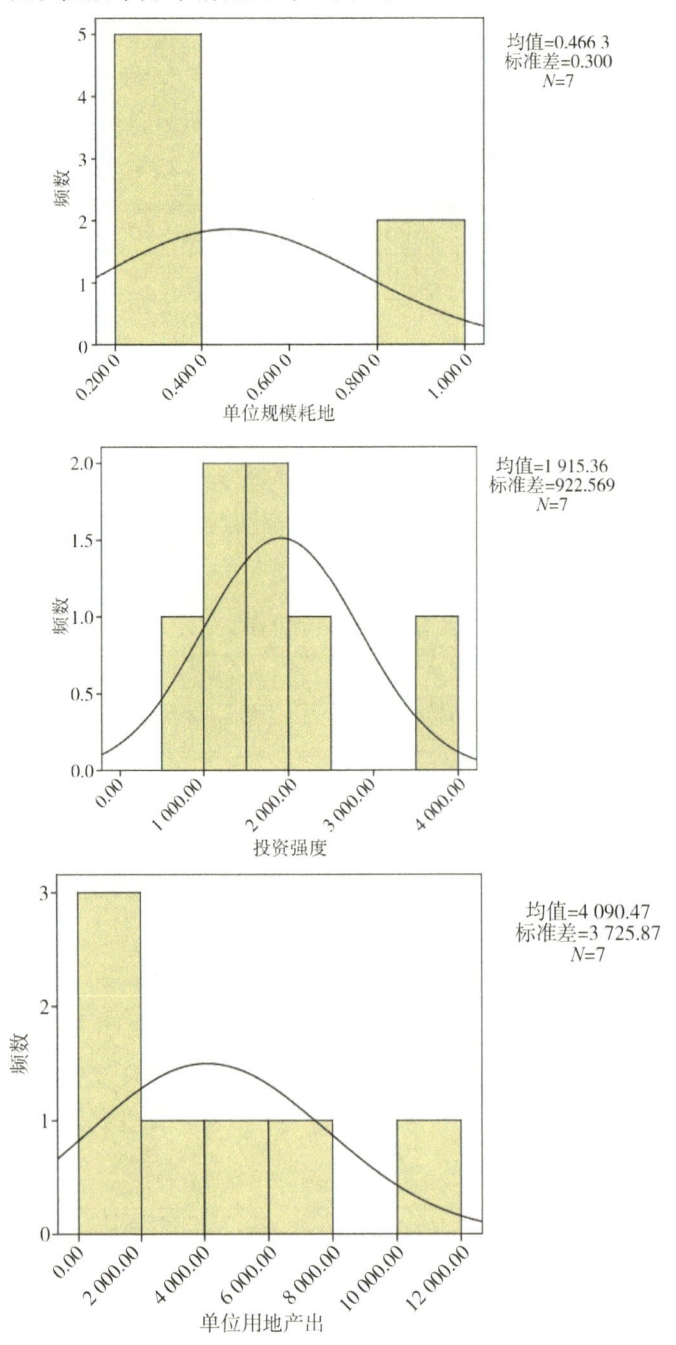

专二图 5　输变电项目部分评价指标现状值频率分布情况

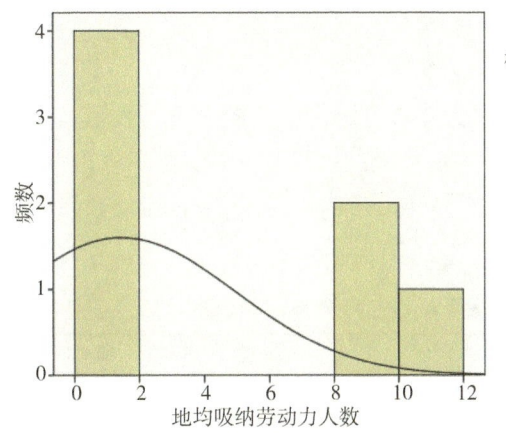

2. 标准案例法确定标准值

以标准案例法为主确定标准值的评价指标有:存量建设用地利用率、功能分区合理度、占用耕地比例。根据《建设项目土地节约集约利用评价标准案例研究》专题第二部分成果,各指标标准值如专二表25所示。

专二表 25　输变电工程项目标准值(二)

指标	标准案例值	标准值	备注
存量建设用地利用率	20%	20%	以3δ法则取值法为辅
功能分区合理度	0.25	0.25	—
占用耕地比例	100%	100%	—

3. 政策规范取值法确定标准值

以政策规范取值法为主确定标准值的评价指标有:建筑系数、容积率、绿地率、行政办公及生活服务区比例。参照《工业建设用地控制标准》等相关内容及具体项目实际情况,各指标标准值如专二表26所示。

专二表 26　输变电工程项目标准值(三)

指标	标准值	备注
建筑系数	71.96%	以标准案例取值法为辅
容积率	0.75	以标准案例取值法为辅
绿地率	5%	以标准案例取值法为辅
行政办公及生活服务区比例	10%	以标准案例取值法为辅

（五）光伏项目指标标准值

1. 3δ法则取值法确定标准值

以 3δ 法则取值法为主要方法确定标准值的评价指标有：单位规模耗地、投资强度、单位用地产出水平、地均吸纳劳动力人数，通过对Ⅰ类地区光伏项目相关指标现状值分布情况进行分析，得出相应指标的均值、标准差如专二表 27 所示。

专二表 27　光伏项目标准值（一）

指标	均值	标准差	标准值	备注
单位规模耗地	2.868	1.640	6.148	2δ
投资强度	406.11	67.807	574	δ
单位用地产出水平	70.09	129.01	199	δ
地均吸纳劳动力人数	14.43	20.426	34	δ

各指标现状值频率分布情况如专二图 6 所示。

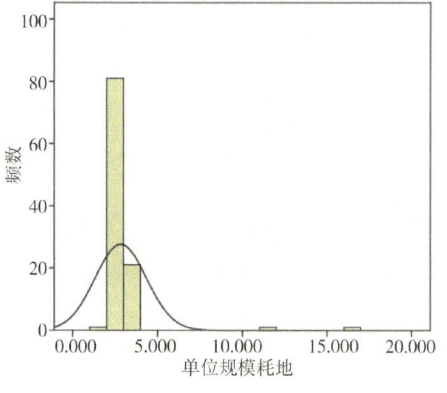

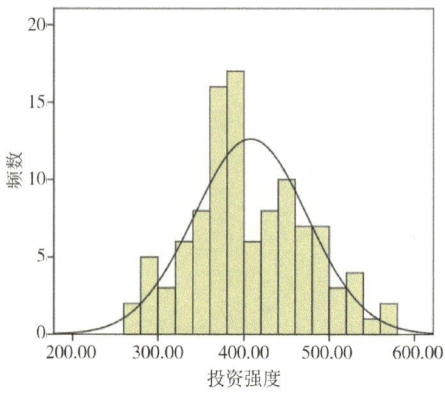

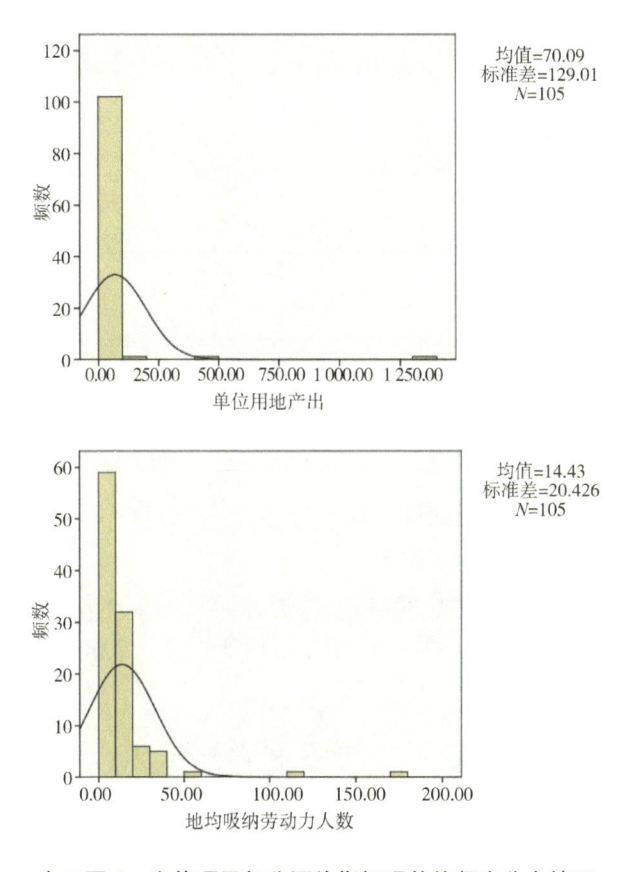

专二图 6　光伏项目部分评价指标现状值频率分布情况

2. 标准案例法确定标准值

以标准案例法为主确定标准值的评价指标有:存量建设用地利用率、功能分区合理度、占用耕地比例。根据《建设项目土地节约集约利用评价标准案例研究》专题的成果,各指标标准值如专二表 28 所示。

专二表 28　光伏项目标准值(二)

指标	标准案例值	标准值	备注
存量建设用地利用率	40%	40%	以 3δ 法则取值法为辅
功能分区合理度	0.25	0.25	—
占用耕地比例	100%	100%	—

3. 政策规范取值法确定标准值

以政策规范取值法为主确定标准值的评价指标有:建筑系数、容积率、绿地率、行政办公及生活服务区比例。参照《工业建设用地控制标准》等相关内容及具体项目实际情况,各指标标准值如专二表29所示。

专二表29　光伏项目标准值(三)

指标	标准值	备注
建筑系数	91.5%	以标准案例取值法为辅
容积率	0.92	以标准案例取值法为辅
绿地率	1%	以标准案例取值法为辅
行政办公及生活服务区比例	0.5%	以标准案例取值法为辅

(六)保障点项目指标标准值

1. 3δ法则取值法确定标准值

以3δ法则取值法为主要方法确定标准值的评价指标有:单位规模耗地、投资强度,通过对Ⅰ类地区保障点项目相关指标现状值分布情况进行分析,得出相应指标的均值、标准差如专二表30所示。

专二表30　保障点项目标准值(一)

指标	均值	标准差	标准值	备注
单位规模耗地	138.17	106.330	456	3δ
投资强度	1 141.47	522.693	1 663	δ

各指标现状值频率分布情况如专二图7所示。

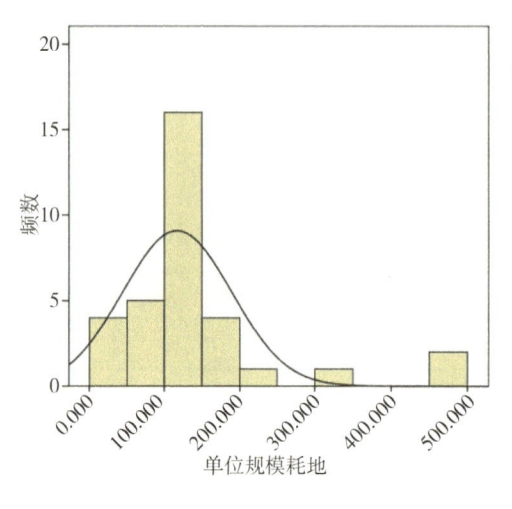

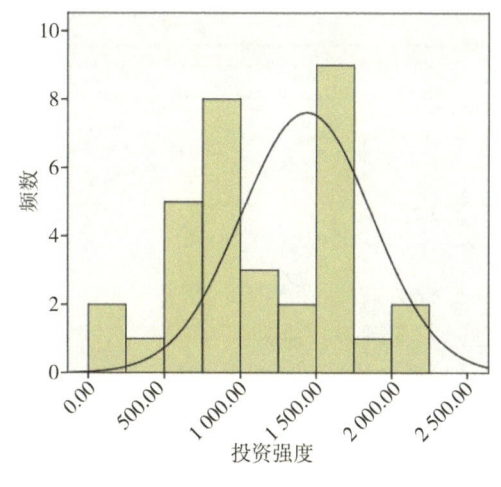

专二图7　保障点项目单位规模耗地、投资强度现状值频率分布情况

2. 标准案例法确定标准值

以标准案例法为主确定标准值的评价指标有：存量建设用地利用率、功能分区合理度、占用耕地比例。根据《建设项目土地节约集约利用评价标准案例研究》专题第四部分成果，各指标标准值如专二表31所示。

专二表31　保障点项目标准值（二）

指标	标准案例值	标准值	备注
存量建设用地利用率	15%	15%	以3δ法则取值法为辅
功能分区合理度	0.25	0.25	—
占用耕地比例	100%	100%	—

3. 政策规范取值法确定标准值

以政策规范取值法为主确定标准值的评价指标有：建筑系数、容积率、绿地率、行政办公及生活服务区比例。参照《工业建设用地控制标准》等相关内容及具体项目实际情况，各指标标准值如专二表32所示。

专二表32　保障点项目标准值（三）

指标	标准值	备注
建筑系数	60%	以标准案例取值法为辅
容积率	0.9	以标准案例取值法为辅

续表

指标	标准值	备注
绿地率	15%	以标准案例取值法为辅
行政办公及生活服务区比例	40%	以标准案例取值法为辅

（七）其他项目指标标准值

采矿项目、工业类项目、水利项目、公益基础其他类项目研究案例相对较少，各评价指标的标准值主要以标准案例现状值为准，根据《建设项目土地节约集约利用评价标准案例研究》专题相关成果，各类项目评价指标标准值情况如专二表33及表5-6、表5-7所示。

专二表33 采矿类及余热发电项目标准值参考表

序号	指标层	采矿类（选矿）	采矿类（尾矿）	工业（余热发电）
1	单位规模耗地	0.8×10^{-4} hm²/t	0.3×10^{-4} hm²/m³	0.12 hm²/MW
2	建筑系数(%)	55.15	90	30
3	容积率	0.6	0.92	0.4
4	功能分区合度	0.25	0.25	0.25
5	投资强度(万元/hm²)	6 000	750	7 500
6	单位用地产出水平(万元/hm²)	3 500	—	3 000
7	地均吸纳劳动力人数(人/hm²)	55	2	50
8	存量建设用地利用率(%)	10	10	10
9	占用耕地比例(%)	100	100	100
10	绿地率(%)	5	5	15
11	行政办公及生活服务区比例(%)	7	7	7

（八）标准值区域调整系数

对评价指标中受地域差异影响较大的单位规模耗地、投资强度、单位用地产出水平3个指标，在Ⅰ类地区标准值的基础上，Ⅱ、Ⅲ类地区标准值按表5-5调整系数进行调整，其余评价指标的标准值保持不变。

不同建设项目可根据自身所在区域的分类，再结合实际建设区微观地形地貌、项目特点选择标准值调整系数，但最大调整范围不能超出以上范围。

参考文献

柴铎,周小平,谷晓坤.城市郊野建设用地节约集约利用内涵重构与"5Q5E"评价模型——上海98个乡镇数据实证[J].城市发展研究,2017,24(10):79-85.

陈宏望.长沙先导区建设项目节约集约用地标准及建议[D].长沙:湖南大学,2013.

成舜,白冰冰,李兰维,等.包头市城市土地集约利用潜力宏观评价研究[J].内蒙古师范大学学报(自然科学汉文版),2003,32(3):271-277,280.

韩玉.安徽省高速公路节约集约用地研究[D].合肥:安徽农业大学,2012.

何安琪,徐小峰,倪念.关于农村宅基地集约利用的思考[J].决策与信息:下旬,2012(3):242.

何芳,魏静.城市化与城市土地集约利用[J].中国土地,2001(3):24-26.

黄露露.产业用地节约集约利用评价标准研究——以池州市经济技术开发区为例[D].合肥:安徽农业大学,2013.

李如鹤.工业项目土地集约利用对策研究——以扬州市江都区为例[D].南京:南京农业大学,2012.

刘永为.兰州市公路集约用地评价[D].北京:中国地质大学,2009.

吕玉珍,张小林.南京市中心城区建设用地集约利用评价及空间相关性研究[J].南京师大学报(自然科学版),2018,41(4):133-139.

毛振强,左玉强.土地投入对中国二三产业发展贡献的定量研究[J].中国土地科学,2007,21(3):59-63.

欧名豪,李武艳,刘向南,等.城市化内涵探讨[J].南京农业大学学报(社会科学版),2002,2(4):13-22.

曲福田,吴郁玲.土地市场发育与土地利用集约度的理论与实证研究——以江苏省开发区为例[J].自然资源学报,2007,22(3):445-454.

陶志红.城市土地集约利用几个基本问题的探讨[J].中国土地科学,2000,14(5):1-5.

王业侨.节约和集约用地评价指标体系研究[J].中国土地科学,2006,20(3):24-31.

肖梦.城市郊区和城市[J].农业经济,1992(2):1-5.

谢正峰.浅议土地的集约利用和可持续利用[J].国土与自然资源研究,2002(4):31-32.

张明花.福建省石狮市区域建设用地节约集约利用评价及动态变化研究[J].安徽农业科学,2018,46(30):74-76,88.

张清军,曹秀玲,鲁俊娜.河北省农村居民点用地集约利用评价[J].农业工程学报,2010,26(7):312-317.

张薇.吴忠区域建设用地节约集约利用状况初始评价[J].宁夏工程技术,2018,17(3):260-266,269.

赵若曦,冯长春,刘效龙.农村居民点用地节约集约利用影响因素分析[J].农村经济,2012(2):38-42.

周伟,王秀兰.节约和集约用地评价指标体系研究[J].安徽农业科学,2007(2):491-493.